個人と組織のための男性育休

働く父母の心理と企業の支援

尾野裕美 Ono Hiromi

Male Parental Leave
for Individuals and
Organizations

ナカニシヤ出版

は じ め に

　近年，わが国では女性の社会進出が進み，共働き世帯は専業主婦世帯の 2 倍以上となったが（内閣府，2022），育児休業（以下，育休と略す）の取得状況は女性と男性の間に大きな隔たりがある。2020 年度の育休取得率は女性が 81.6%，男性が 12.65% であった（厚生労働省，2021）。男性の育休取得率を 2020 年までに 13% に引き上げるとした政府の目標には一歩及ばず，男性の育休取得期間も 5 日未満が 28.33% となっていた（厚生労働省，2021）。2021 年度の男性の育休取得率は過去最高になったとはいえ 13.97% であり（厚生労働省，2022），大幅な改善はみられていない。

　男性が育休を取得できた理由は，「日頃から休暇を取得しやすい職場だったから」「職場が育休制度を取得しやすい雰囲気だったから」の順に多く，一方で取得意向があったにもかかわらず取得しなかった男性は，「職場が育休制度を取得しづらい雰囲気だったから」「日頃から休暇を取りづらい職場だったから」などを理由に挙げている（厚生労働省，2014）。1 ヶ月以上の育休を取らない理由としては，「職場に迷惑をかけたくないため」「収入が減少してしまうため」「職場が，男性の育休取得を認めない雰囲気であるため」の順に多いことが示されている（内閣府，2021）。一方，男性の育休利用者がいる企業は，長時間労働を是正するための取り組みや制度利用対象外の人への周知活動など，両立支援に関する取り組みを多く行っていることが報告されている（厚生労働省，2014）。

　2021 年に男性の育休取得を促す改正育児・介護休業法が成立し，2022 年 4 月には企業に対して該当者本人に育休取得の意向を確認する義務が課され，10 月からは子どもの生後 8 週間以内に，男性が最大 4 週間の出生時育休（産後パパ育休）を取得できるようになった。さらに 2023 年 4 月からは，従業員数が 1,000 名を超える企業には育休取得状況の公表も義務付けられる。

　男性の育休を巡っては，制度や職場環境に焦点が当てられやすく，育休を取得する男性の心理的な側面はあまり注目されてこなかった。そこで，本書では，1 ヶ月以上の長期育休を取得した男性に焦点を当て，キャリア意識や心理社会

的変化などの心理的側面を解明し，男性の育休取得を推進するために企業がとるべき支援について検討する。本書の成果は，育休の取得を躊躇している男性の助けとなり，また，企業に対しては，制度面に加えてどのような心理的支援が必要なのかという示唆を与え，わが国が抱える喫緊の社会的課題に貢献できると考える。

本書の構成

　本書は「理論的検討」「実証的検討」「総括」に分かれ，全9章で構成されている。「理論的検討」では，男性の育休に関連する先行研究を整理し，本書の目的を述べ，使用する用語を定義する（序章）。第Ⅰ部，第Ⅱ部，第Ⅲ部の「実証的検討」では，著者が行った7つの研究を詳しく紹介する。研究1（第1章）は，長期育休を取得した男性を対象としたインタビュー調査の結果をまとめた質的研究である。研究2（第2章）では，男性の育休がキャリア自律およびワークライフバランスに及ぼす影響を検証し，研究3（第3章）では，働く父親が長期育休を取得する男性に対して抱くイメージを検討する。一方，研究4（第4章），研究5（第5章）は働く母親を対象とした研究であり，夫の育休と働く妻のキャリアとの関連や，働く母親が長期育休を取得する男性に対して抱くイメージについて検討する。研究6（第6章）は，男性の育休取得を推進している企業を対象としたインタビュー調査の結果をまとめた質的研究である。研究7（第7章）は，研究6の知見に基づき，企業における男性の育休取得推進策とその成果について検証する。最後の終章では，本書の全体的結論を述べ，男性の育休に関する提言を行う。

| 理論的検討 | 序　章　先行研究・本書の目的・用語の定義 |

【第Ⅰ部】働く父親を対象とした実証的検討

第1章　長期育休を取得した男性のキャリア意識はどのように変容するのか？（研究1）

第2章　男性の育休はキャリア自律やワークライフバランスにどのように影響するのか？（研究2）

第3章　働く父親は長期育休を取得する男性に対してどのようなイメージを抱いているのか？（研究3）

【第Ⅱ部】働く母親を対象とした実証的検討

第4章　夫の育休は働く妻のキャリア自律やワークライフバランスと関連しているのか？（研究4）

第5章　働く母親は長期育休を取得する男性に対してどのようなイメージを抱いているのか？（研究5）

【第Ⅲ部】企業を対象とした実証的検討

第6章　企業は男性の育休取得をどのように推進しているのか？（研究6）

第7章　男性の育休取得推進策は企業にどのような成果をもたらすのか？（研究7）

終　章　本書の全体的結論および総合考察

（実証的検討）（総括）

本書の構成

目　　次

序 章

先行研究・本書の目的・用語の定義

本章ではまず，男性の育休を検討するうえで前提となるキャリアに関する
研究・ワークライフバランスに関する研究を概観し，組織的なアプローチ
として組織変革に関する研究を紹介する。そして最後に本書の目的と用語
の定義について述べる。

1 キャリアに関する研究

■ 1-1 キャリア発達

Super（1957：1984）は，前進する一つの過程としてキャリア発達をとらえ，
成長段階（0-14歳），探索段階（15-24歳），確立段階（25-44歳），維持段階（45-64
歳），解放段階（65歳以上）の5段階からなるキャリアの発達モデルを提唱して
おり（図序-1），各段階に達成すべき発達課題を示している（表序-1）。のちに
Super（1980）は，キャリア発達にライフ・スペース（役割）とライフ・スパン
（時間）の概念を取り込み，「ライフ・キャリア・レインボー」と呼ばれる図を
描写し（図序-2），キャリアとは，ある年齢や場面におけるさまざまな役割の組
み合わせであるとしている。また，成人期の発達に焦点を当てたLevinson
（1978）は，ライフサイクルはそれぞれ25年間続く4つの発達期を経て徐々に
進んでいくものだとし，児童期と青年期（0-22歳），成人前期（17-45歳），中年
期（40-65歳），老年期（60歳以降）を示した（図序-3）。Levinson（1978）によれ
ば，20代は可能性を探索し，選択をいくつか試み，暫定的な生活構造を築く時
期であり，30代は，職業や結婚生活，家庭生活の面での地固めをし，この新し

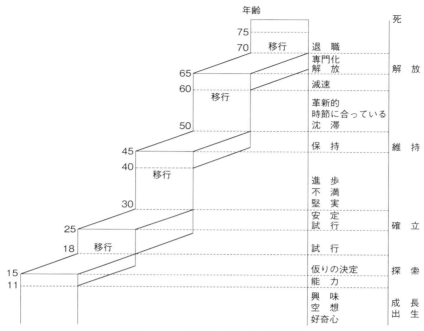

図序-1 Super（1984）のキャリア発達段階

い生活構造を土台にして，若い頃の野心の実現に向かって努力する「一家を構える時期」である。すなわち，就職した時点でキャリア探索が完結するのではなく，社会人となった後も就業者のキャリア探索は続くことになる。

　キャリア探索は，自己および環境に関する情報を収集して理解を深めることであり（Stumpf et al., 1983），キャリア選択における決定と密接に関係し合い（安達，2010；Werbel, 2000），キャリア探索がうまくいかないと，学生から社会人への移行が難しくなるという指摘がある（Bartley & Robitschek, 2000）。学校から仕事世界への移行段階にある学生については，キャリア探索は行われるべきものとして扱われてきた一方，一旦職業を選択した就業者については，ほとんど注目されてこなかった。つまり，キャリア探索が成功裏に行われ，自分のキャリアを選択，決定して仕事世界に移行した就業者は，キャリア未決定の状態にはないことから，あまり研究の対象にはならなかったと考えられる。しかし，

表序-1　Super のキャリア発達の諸段階と発達課題（Herr et al., 2004）

発達段階	下位段階	課題
成長〈誕生〜〉	自己概念が，学校・家庭における主要人物との同一視を通じて発達する。欲求と空想はこの段階の初期において支配的である。興味と能力は社会参加と現実吟味の増大にともない，より重要となり，自助，社会のやり取り，勤勉，目標設定，粘り強さなどの行動を学ぶ。	空想（4〜10歳） 欲求中心。空想のなかでの役割遂行が重要な意味を持つ。 興味（11〜12歳） 興味が志望と活動の主たる決定因子となる。 能力（13〜14歳） 能力により重点が置かれ，職務要件（訓練を含む）が考慮される。	・自分がどのような人なのかの全体像を発達させる。 ・仕事世界への志向性や働く意味の理解を発達させる。
探索〈15歳〜〉	学校・余暇活動・パートタイム労働において，自己吟味・役割試行・職業探索が行われる。	暫定的（15〜17歳） 欲求・興味・能力・価値観・機会のすべてが考慮される。暫定的な選択がなされ，それが空想・討論・仕事などのなかで試みられる。可能性のある適切な領域や仕事が認識される。 移行（18〜21歳） 労働市場や専門訓練に入り，そこで自己概念を満たそうと試みる過程で，現実への配慮が重視されるようになる。一般的な選択から特定の選択に変わっていく。 試行（22〜24歳） 表面上適切な職業が見つかり，その分野での最初の仕事を得る。そして，それが生涯の職業として試みられる。コミットメントは暫定的なものであり，仕事が適切でない場合は，好みの具体化・特定化・実行が再度行われる。	・職業的好みが具体化される。 ・職業的好みが特定される。 ・職業的好みを実行に移す。 ・現実的な自己概念を発達させ，より多くの機会についていっそう学ぶ。
確立〈25歳〜〉	適切な分野が見つけられ，その分野で永続的な地歩を築くための努力がなされる。その後は，地位，職務，雇用者の変化は起こるが，職業は変わらない。	試行・安定（25〜30歳） 選択した職業に落ち着き，永続的な場所を確保する。自分に適していると考えた分野が不満足なものだとわかる場合もあり，その結果，生涯の仕事を見いだすまで，あるいは生涯の仕事が関連のない職務のつながりだということがはっきりするまでに，分野を1〜2回変えることがある。 向上（31〜44歳） 職業生活における安定と保障された場所を確保するための努力がなされる。選任権が得られ，すぐれた業績が発揮され，適性が向上する。多くの人にとって，独創的な時期である。	・希望する仕事をする機会を見つける。 ・他者との関わり方を学ぶ。 ・職業的地位の安定を築く。 ・永続的な地位に落ち着く。
維持〈45歳〜〉	職業の世界である地歩をすでに築いているので，この段階での関心はそれを維持するところにある。新しい地盤が開拓されることはほとんどなく，すでに確立されたパターンの継続が見られる。 向上期にある若手との競争から現在の地位を守ることに関心が寄せられる。		・自らの限界を受容する。 ・働き続ける上での新たな問題を明らかにする。 ・新しいスキルを開発する。 ・本質的な活動に焦点を当てる。 ・獲得した地位や利益を保持する。
解放〈65歳〜〉	身体的，精神的な力が下降するにつれて，仕事活動は変化し，そのうちに休止する。新しい役割が開発される必要がある。最初は気が向いたときだけの参加者，次いで傍観者としての役割をとるようになる。退職によって失ったものの代わりとなる満足源を見つけなければならない。	減退（65〜70歳） 仕事のペースは緩み，職責は変化し，下降した能力に合わせて仕事の性質が変わる。多くの人は，常動の仕事の代わりに非常動の仕事を見つける。 引退（71歳〜） 仕事の完全な休止や非常勤・ボランティア・余暇活動へのシフトは人によって違いがある。	・職業外の役割を開発する。 ・よい退職地点を見いだす。 ・常々やりたいと思っていたことをやる。 ・労働時間を減らす。

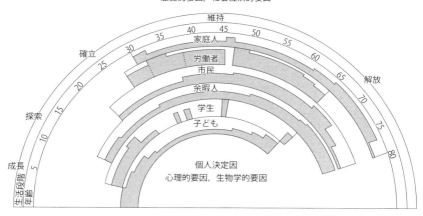

図序-2　Super（1984）のライフ・キャリア・レインボー

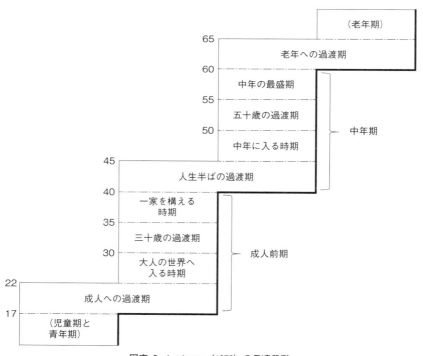

図序-3　Levinson（1978）の発達段階

就業者についても，失業，求職，昇進，転任など，キャリア周辺の問題の決断は，すべて新たな決定困難の原因となり得る（Osipow, 1999）。就業者を対象にした Callanan & Greenhaus（1990）の研究では，自己のキャリア目標を選択できない，あるいは選択した目標について確信がもてないことを「キャリア未決定」と呼び，この状態にある就業者は，将来の自己のキャリアを探索するための行動を頻繁に行うことが確認されている。若年就業者においては，組織適応のプロセスと職業的役割の探索プロセスが重複しながら進行することが示唆されており（道谷・岡田, 2011），キャリア探索が停滞したときにキャリア焦燥感が喚起され（尾野・湯川, 2008），それがキャリアに関する相談や転職活動といったキャリア探索行動を促すことが明らかにされている（尾野, 2015）。また，定年退職者は，会社や仕事を中核としたアイデンティティを喪失するが，ボランティア活動を通して新しい関係を模索し，多様なアイデンティティを獲得していくこと（西田, 2011），役職定年者においても，はじめは役割喪失を感じるものの，新たな役割へ再適応し，キャリアの方向性の見直しを行うことが確認されている（須藤・岡田, 2018）。近年グローバル化や ICT 化によって伝統的な社会構造が崩れ，キャリアについても速いスピードで変化が求められている。Watts（2001）によれば，キャリアを選択決定するのではなく構築していくという方向に発想を転換する必要がある。したがって，一旦キャリアを決めた就業者も，自らのキャリアを作り上げていくためには，キャリア探索を継続することがより必要になるだろう。

　働く女性に関しては，男性よりもキャリア形成の要因が多数介在することが示されており（若林, 1985），女性が出産後も働いていくためにはさまざまな葛藤を乗り越える必要があるだろう。そのためにキャリアの再探索を迫られ，キャリア意識など自己の内的側面の変容が求められてきたと考えられる。キャリア探索は行動的側面と認知的側面を含む概念であるが，キャリア意識を含む内的変容はその後者に当たるととらえられる。このような働く母親の内的変容については，聞き取り調査により検討されてきた。たとえば，Pickens（1982）は，出産によりアイデンティティの危機を経験するが，母親であることによる犠牲と報酬のバランスがとれるようになり，母親役割を肯定的に評価し自信をもつようになるという認知プロセスを明らかにした。また，Ladge & Greenberg

（2015）は，出産後の復職時期に，どのような人になりたいのかという不確実性を経験するが，将来の仕事の新しいビジョンを確立し始めると，職業キャリアと母親であることを統合しながらも，より熱心に仕事に取り組むようになることを示した。わが国でも，企業で育休を取得し復帰した女性は，出産前に職業人として培った自己は根底に生き続け，母親役割を強く意識しながらも，自分自身を形成していきたいと考えていることが示唆されている（井上・濱口，2015）。また，上司から仕事を任され人事評価が上がることなどを通じて就業継続の意思をもつようになることや（佐野，2010），豊富な仕事経験により，出産後も就業継続しようというキャリアの長期的見通しが形成され，それが仕事に対するモチベーションや働き方の質の向上につながることが示されている（佐野，2013）。一方，男性のキャリア発達はこれまで画一的にとらえられてきた。

■ 1-2 キャリア自律

バブル経済崩壊後，終身雇用の崩壊，成果主義の台頭など，就業者を取り巻く環境は変化を遂げ，キャリア自律という考え方が浸透してきた。キャリア自律を実践できる人材とは，花田（2001）によれば，自己の価値観をベースとしたキャリア形成を行うことにより，自分自身を継続的にモチベートし，自分の意思をベースに主体的に行動し，組織の視点に限定されず広い視野から自分のキャリアを考え，チャンスを能動的にとらえて事態を切り開ける人材である。また，平野（2003）によれば，これまでの分化した経験を回顧して，「今この仕事」に意味づけながら将来を肯定的に展望する人材である。Waterman ら（1994）は，社員は会社の成功にコミットしながら競争力あるスキルを身につけ，自らキャリアをマネージしなければならないとし，この考え方を堀内・岡田（2009）はキャリア自律として紹介した。キャリア自律の類似概念は海外にいくつか存在しており，1990 年代後半に，キャリアは個人によって管理されるものであり，キャリアを営む本人の欲求に見合うようにそのつど方向転換されるというプロティアン・キャリア（protean career）（Hall, 1996），職務や組織という境界を越えて展開するというバウンダリーレス・キャリア（boundaryless career）（Arthur & Rousseau, 1996），継続的に情報収集しキャリア上の課題を解決していくというキャリア・セルフマネジメント（career self-management）（Kossek et al.,

1998) など新しいキャリアの概念が次々と提唱された。わが国においては，武石・林 (2013) が，プロティアン・キャリアとバウンダリーレス・キャリアの特徴を測定する Briscoe ら (2006) の尺度を日本企業の就業者に適用し，自律的なキャリアは「自己指向」「価値優先」「バウンダリーレス思考」「移動への選好」の４つの要素で構成されることを示した。また，堀内・岡田 (2009) はキャリア自律を「自己認識と自己の価値観，自らのキャリアを主体的に形成する意識をもとに（心理的要因），環境変化に適応しながら，主体的に行動し，継続的にキャリア開発に取り組んでいること（キャリア自律行動）」と定義し，キャリア自律には心理的側面と行動的側面があることを示した。前者は「職業的自己イメージの明確さ」「主体的キャリア形成意欲」「キャリアの自己責任自覚」の３因子で構成され，後者は「職場環境変化への適応行動」「キャリア開発行動」「ネットワーク行動」「主体的仕事行動」の４因子により構成される（堀内・岡田，2016）。「職業的自己イメージの明確さ」とは，キャリアを形成していくうえで，自らの能力，興味・欲求，価値観について主観的に認識している程度，「主体的キャリア形成意欲」とは，キャリアを会社や他者に依存するのではなく，自らの意思でキャリアを形成していこうという意識，「キャリアの自己責任自覚」とは，キャリア形成は自己責任であるとの意識である（堀内・岡田，2009）。「職場環境変化への適応行動」とは，キャリア，職場，仕事など自分を取り巻く環境の変化に柔軟に対応すること，「キャリア開発行動」とは，変化に対応し，自らのキャリア競争力を高めるための，新しい知識・技術・スキル・能力の学習と開発への主体的，継続的な取り組み，「ネットワーク行動」とは，積極的に人的ネットワークを構築し維持しようとする行動，「主体的仕事行動」とは，自己の価値観や考えのもとに主体的に行動し，仕事に取り組むことである（堀内・岡田，2009）。また，キャリア自律の促進要因として，仕事経験からの学び，上司や社内外の人間関係，職業上の転機経験が示されている（堀内・岡田，2016）。

2 ワークライフバランスに関する研究

■ 2-1 多重役割

　女性の社会進出が進むとともに多重役割に関する研究が行われるようになり，Goode（1960）は，個人はすべての役割義務が過剰に要求され，役割過労が常態化しているとした。一方で，Marks（1977）は，複数の役割に従事している人たちは，それらを管理する能力やスキルを備えており，蓄積した役割から心理的な恩恵が得られるとした。前者は欠乏仮説，後者は増大仮説と呼ばれ，これらの理論を実証するための研究が試みられたが，一貫した結果は得られていない。例えば，労働者，妻，母という複数の社会的役割における経験とウェルビーイングとの関係について検討したBaruch & Barnett（1986）の研究では，労働者の役割が自尊心を高めることのみが示され，妻と母の役割については影響が見いだされなかった。また，土肥ら（1990）の研究では，労働者，妻，母という役割が多いほど生活満足感は高くなるが，同時に役割過負荷も高くなるという結果が示されている。

　多重役割に関連して，これまでワーク・ファミリー・コンフリクトという概念を用いた研究も展開されてきた。ワーク・ファミリー・コンフリクトとは，役割間葛藤の一形態で，仕事領域および家庭領域それぞれからの役割圧力が両立しがたいときに生じるものである（Greenhaus & Beutell, 1985）。葛藤の内容は，家庭領域から仕事領域へ，仕事領域から家庭領域へという2つの方向性で検討されてきたが（Adams et al., 1996；Frone et al., 1992），加えて，仕事と家庭の両方が存在していることそのものから生じる葛藤として「時間葛藤」も含まれることが示されている（金井, 2002）。また，ワーク・ファミリー・コンフリクトの促進要因としては，育児負担（Matsui et al., 1995），子供の数や勤務時間（金井・若林, 1998），仕事過重や家事過重などが挙げられる（金井, 2002）。このように，ワーク・ファミリー・コンフリクトはおもに仕事と家庭を両立させることに伴うネガティブな側面に焦点が当てられてきた。これに対して，仕事と家庭を両立させることのポジティブな側面として着目されている概念がワーク・ファミリー・ファシリテーションである。これは「ある役割（仕事など）に関与することによって，他の役割（家庭など）におけるパフォーマンスや機能が高まる

こと」と定義され（Wayne et al., 2004），ワーク・ファミリー・コンフリクトと
ワーク・ファミリー・ファシリテーションの両側面を含む尺度が開発されてい
る（Grzywacz & Bass, 2003；杉野，2006；富田ら，2019）。また，類似概念としてス
ピルオーバーが挙げられる。これは，一方の役割における状況や経験が他方の
役割における状況や経験にも影響を及ぼすことと定義され，家庭領域から仕事
領域へ，仕事領域から家庭領域へという 2 つの方向と，ネガティブかポジティ
ブかという質的な 2 つの方向の組み合わせにより， 4 つのパターンに分けられ
る（島田・島津，2012）。ネガティブ・スピルオーバーはワーク・ファミリー・コ
ンフリクトとほぼ同義であり，働く母親については，仕事から家庭へのネガテ
ィブ・スピルオーバーが抑うつ傾向を増加させることが明らかとなっている
（Beatty, 1996；小泉ら，2003）。これに対して，ワーク・ファミリー・ファシリテ
ーションとほぼ同義のポジティブ・スピルオーバーは，精神的健康との間に負
の相関が示されている（van Steenbergen et al., 2007）。このように，働く母親の
多重役割はおもに精神的健康の観点から検討されてきた。
　一方，男性を対象とした多重役割に関する研究は非常に少なく，そのほとん
どは女性の比較対象として扱われている。あるいは，男性の家庭関与が妻や子
どもの精神的健康に影響することや（平山，2001；柏木・若松，1994），妻の就業の
有無によって男性の精神的健康に差がないことを示すものである（福丸，2003；
Hughes & Galinsky, 1994）。父親になることによる男性の発達に注目した森下
（2006）は，その変化として「家族への愛情」「責任感や冷静さ」「子どもを通し
ての視野の広がり」「過去と未来への展望」「自由の喪失」の 5 つを提示してい
るが，対象者の約 9 割は専業主婦家庭である。

■ 2-2　両立支援

　両立支援については，女性の就業継続の観点から研究が蓄積されており
（e.g., 樋口ら，1997；今田・池田，2006；森田・金子，1998），仕事と家庭の調和とい
う考えは，とくに育児期女性の育児と仕事との両立という意味合いで使われて
いたが，次第に男性や独身者も含めたワークライフバランスの考えに包括され
てきた（山口，2009）。そして，ワークライフバランスは女性の就業継続だけで
なく企業業績や生産性との関連からも検討されるようになった（e.g., 阿部，

2007；Perry-Smith & Blum, 2000；坂爪, 2002；Shepard III et al., 1996）。企業のワークライフバランスの推進が個人に及ぼす影響については，両立支援制度がワーク・ファミリー・コンフリクトを減少させることや（Judge et al., 1994），効率的な働き方をするという価値観の職場において従業員のストレスが低くなることが明らかとなっている（坂爪, 2011）。また，両立支援策は従業員の仕事への意欲を高める効果があるが，そのためには，施策への上司の肯定的・積極的関与が重要であることが示唆されており（坂爪, 2009），研修などによる上司への働きかけは，両立支援策が従業員の意欲につながるうえで効果のある補完施策であることが確認されている（守島, 2006）。さらに，ワークライフバランスを推進するには，家庭支援的な上司や同僚によるソーシャルサポートも重要であることが指摘されている（Allen, 2001；Ferguson et al., 2012）。

　一方で，ワークライフバランスの推進に伴う問題も存在している。女性の育休取得者比率が高い職場において，女性雇用比率，女性採用比率，女性管理職比率のいずれも低いことが示され，この理由として，育休取得やその後の育児負担の可能性が高い女性の採用を企業が敬遠することや，育休制度の普及によって女性の予想勤続年数の不確実性が大きくなり，中長期的な人材育成の計画が立てにくくなることが考えられている（経済産業省, 2005）。また，育児・介護休業制度の問題点として，上場企業の約5割が「代替要員の確保」，約4割が「職場復帰後の代替要員の取り扱い」を挙げるなど，代替要員が大きな課題となっている（労働省, 2000）。なお，わが国は男女の雇用や昇進の機会の均等の達成には程遠い状態にある（山口, 2009）。両立支援のための制度は男女ともに利用できるものであっても，短時間勤務制度の利用実績に男女で大きな差があり（21世紀職業財団, 2009），1990年代から2000年代にかけて，女性の就業環境という視点からみれば，ワークライフバランス支援策により一定の前進があったが，女性が活躍できる社会への転換という点では成果は得られていない（佐藤・武石, 2014）。

■ 2-3　男性の育休

　女性と同様に育児に関与する男性や，育休を経て復職した男性に関する研究は数少ないが，家族に起因する休職は，低い業績評価につながりやすいことや

(Judiesch & Lyness, 1999)，組織コミットメントが低いと判断されやすいことが
わかっている（Allen & Russell, 1999）。このような否定的評価を危惧することに
より，男性は育休を取得しにくい傾向にある（Blair-Loy & Wharton, 2002；Ueda
& Kurosawa, 2012）。また，わが国で男性の育休取得が進まない理由のひとつと
して，自分よりも他者のほうが男性の育休に対して否定的だと推測する多元的
無知の存在が指摘されている（Miyajima & Yamaguchi, 2017）。しかし，実際に育
休取得を経験したことのある男性は，仕事上の成長感や職場満足感などが高く
（脇坂, 2010），育休が復職後の効率的な業務遂行につながるという一面も明らか
にされている（齋藤, 2012；脇坂, 2008）。このように，男性の育休取得につなが
る要因や育休のポジティブな側面に目が向けられるようになってきた。また，
育休を取得した男性は家事・育児に対する意識や（岩谷ら, 2009），仕事と家
事・育児の価値観の重みづけが変化することが聞き取り調査により報告されて
いる（齋藤, 2012）。

　男性の育休取得に影響を及ぼす環境的要因に焦点を当てた研究をみると，
「管理職の働き方とワーク・ライフ・バランスに関する調査」（ワーク・ライフ・
バランス推進・研究プロジェクト, 2010）では，男性社員が育児・介護休業制度を
利用しやすい雰囲気がある職場では，管理職が部下を適正に管理しているとと
もに，管理職自身がワークライフバランスに対する意識が高いことが明らかに
されている。職場の体制構築においても，円滑な業務遂行に必要な能力要件を
明確にし，職場メンバーで業務を代替しあえる連携体制を構築することや日頃
から仕事を通してノウハウを共有しあうこと，上司と部下，同僚間でコミュニ
ケーションを適宜とっていくことの重要性が指摘されている。また，ワークラ
イフバランス支援の周知・徹底や制度利用促進のためのルール化に加え，時間
管理意識の向上や長時間労働の是正といった組織を挙げた取り組みも重要であ
ることが示唆されている。さらに，武石（2011）は，男性の育休取得の促進要因
として，「定時に退社する職場環境」「管理職の育休規定など社内ルールの理
解・把握」「コミュニケーションの円滑化と互いで助け合う雰囲気づくり」「仕
事に必要な職業能力や役割の範囲の明確化」「会社としての取り組み姿勢の明
確化」を挙げている。育休を取得した男性を対象とした聞き取り調査において
も，育休取得に対する抵抗のない職場環境だったことが挙げられている（藤野,

2006；岩谷ら，2009）。

3　組織変革に関する研究

　男性の育休取得率の低さや育休取得期間の短さ（厚生労働省，2021），また育休を取得しなかった理由として職場環境が挙げられていることを鑑みれば（厚生労働省，2014），企業における男性の育休取得の推進は，組織変革の側面をもっていると考えられる。企業文化の改革や戦略転換といった組織変革を推進するプロセスには，「危機意識を高める」「変革推進のための連携チームを築く」「ビジョンと戦略を生み出す」「変革のためのビジョンを周知徹底する」「従業員の自発を促す」「短期的成果を実現する」「成果を活かしてさらなる変革を推進する」「新しい方法を企業に定着させる」という8つの段階が含まれ，変革におけるリーダーシップの重要性が指摘されている（Kotter, 1996）。また，組織文化の定着は，リーダー自らの行動によって示される「第一義的な定着メカニズム」と，それを補強するための形式的な「第二義的な定着メカニズム」に分けられ，前者のほうが効果的であるとされている（Schein, 2010）。

　日本企業を対象として経営理念の機能とその浸透策の関係を検討した横川（2010）は，経営理念が組織・制度に展開されていく実践的機能には，経営者が企業文化づくりに積極的であることや，新入社員教育といった第一義的な定着メカニズムが効果的であり，企業文化の良質化や従業員の行動規範に関する企業内統合機能には，上記の施策に加え，経営理念を体現した人や出来事などのエピソードや逸話が社内にたくさんあるといった第二義的な定着メカニズムも有効であることを示した。しかし実際には，新人教育や社長の年頭あいさつ，パンフレットなどの手段を用いる企業は比較的多いが，経営理念にまつわるエピソードが社内で語り継がれていたり，経営理念に忠実な人が高く評価されていたりする企業は少数にとどまっており，また経営理念が現実の意思決定や行動の指針となっている企業は少なく，現実とはかけ離れた「お題目」になっている可能性も示唆されている（北居・出口，1997）。経営理念の浸透プロセスに着目した松岡（1997）は，浸透レベルの深化に至る4つのルートを示したモデルを提示している。具体的には，直接経験したことを統合し意味づける，エピソ

ードや他者の行動のモデリングを通してルールを学習する，矛盾やギャップについては議論を通して意味を発見する，あるいは内省するといったことを経て経営理念の浸透度が深化するというプロセスである（松岡，1997）。また，高尾・王（2011）のモデルは，経営理念への共感が経営理念の行動への反映を促進し，行動への反映から経営理念についてのより深い理解が導かれるというものであり，組織成員の組織に対する情緒的コミットメントが理念への共感を促し，上司の経営理念に対する姿勢が理念への共感や行動への反映につながることが示されている。

4　本書の目的

　これまでの議論に基づき，本書においては，男性の育休について以下の3点を明らかにする。第1に，長期育休を取得した男性の心理的側面はどのように変容するのか。第2に，男性の育休取得は個人にとってどのような影響があるのか。第3に，男性の育休取得を推進することによって組織はどのような成果が得られるのか。

5　用語の定義

■ 5-1　育休
　育休は就業者が改正育児・介護休業法に基づいて取得できる休業であるが，企業が独自に育児のための休暇制度を設けている場合もある。本書における育休には，配偶者出産休暇など育休に相当すると考えられる有給休暇も含むこととする。

■ 5-2　長期育休
　本書では，育休取得期間が1ヶ月以上のものを「長期育休」として扱うこととする。

■ 5-3 働く父親

子どもが小学生の高学年になると子育ての負担がやや軽くなることを踏まえ，10歳未満の子をもつ既婚の20代〜40代の男性就業者を「働く父親」として扱う。なお，雇用形態により育休取得の条件や状況が異なることから，調査対象者は正規雇用で就業している人に限定している。

■ 5-4 働く母親

子どもが小学生の高学年になると子育ての負担がやや軽くなることを踏まえ，10歳未満の子をもつ既婚の20代〜40代の女性就業者を「働く母親」として扱う。なお，雇用形態により育休取得の条件や状況が異なることから，調査対象者は自身も夫も正規雇用で就業している人に限定している。

本章では，キャリアに関する研究，ワークライフバランスに関する研究，組織変革に関する研究を概観し，男性の育休に関する理論的検討を行った。これに基づき，続く第Ⅰ部では働く父親を対象として，第Ⅱ部では働く母親を対象として，第Ⅲ部では企業を対象として実証的検討を行う。

第 I 部

働く父親を対象とした実証的検討

第 I 部は 3 つの章により構成される。第 1 章では，インタビュー調査により長期育休を取得した男性の内的変容プロセスについて検討し，第 2 章では，第 1 章の知見に基づき，男性の育休がキャリア自律およびワーク・ファミリー・ファシリテーションにどのような影響を及ぼすのかを検証する。第 3 章では，働く父親が長期育休を取得する男性に対して抱くイメージをテキストマイニングにより解明する。

第1章

長期育休を取得した男性のキャリア意識はどのように変容するのか？（研究1）

本章では，長期育休を取得した男性のキャリア意識を含む内的側面の変容プロセスについて検討する。

1　目　　的

　本研究では，長期育休を取得した男性の内的変容プロセスについて，探索的に検討することを目的とする。なお，本研究における内的変容には，認知的側面だけでなく感情的側面も含むこととし，心理状態に変化が生じることと定義する。長期育休を取得した男性のキャリア意識や心理社会的変化などの心理的側面を解明することは，長期育休取得を躊躇している男性の助けとなるだろう。また，企業に対しては，従来の制度的な取り組みに加え，どのような支援が必要なのかを検討するうえでの示唆を与えられると考える。したがって，本研究におけるリサーチクエスチョンは，以下の3点である。

〈1〉　男性の長期育休取得に影響を及ぼす要因は何か
〈2〉　長期育休を通して男性のキャリア意識を含む内的側面はどのように変容するのか，またそれに影響を及ぼす要因は何か
〈3〉　男性の内的変容は復職後の行動にどのような影響を及ぼすのか

2　方　　法

■ 2-1　調査対象者

民間企業において1ヶ月以上の育休を取得した男性14名を調査対象者とした（平均年齢36.1歳，範囲29-42歳）。調査対象者の属性を表1-1に示す。調査対象者は，著者の知人に依頼するとともに，知人からの紹介を介して募った。

■ 2-2　調査方法

半構造化面接による聞き取り調査を行った。面接は調査対象者が勤務する企業の会議室あるいは調査対象者が指定する場所にて実施した。また，調査対象者の承諾を得たうえでインタビュー内容をICレコーダーに録音し，インタビュー終了後に逐語録を作成した。

■ 2-3　インタビュー内容

面接では，育休を取得した経験を想起してもらい，①育休を取得したきっかけ，②育休前，育休中，復職後それぞれの時期における行動や考え方，またキャリア意識や気持ちの変化について，時系列にそって語るよう依頼した。なお，調査対象者が不快な思いをしないよう倫理的配慮を心がけた。

■ 2-4　調査期間

調査は2016年9月から2016年10月にかけて行われた。1人あたりのインタビュー時間は45分〜1時間13分であり，平均56分であった。

■ 2-5　分析方法

質的研究法の一つである修正版グラウンデッド・セオリー・アプローチ（以下M-GTAと略す）により分析を行った。M-GTAはオリジナル版グラウンデッド・セオリー・アプローチの特性を継承し，実践しやすい方法として提唱されたものである（木下，2003，2007）。その理念が研究を現場に還元することを重視し，またプロセスを分析する研究に適していることから，本研究の目的に合致しているといえる。

表 1-1　対象者の属性

No	年齢	育休取得時の業種	育休取得時の職種	育休取得時の年齢	育休取得時の子ども	育休取得期間	育休タイプ
1	35歳	サービス	コンサルタント	32歳	第2子	3ヶ月	妻の育休期間内に取得 （出生時に育休を開始）
2	32歳	サービス	コンサルタント	31歳	第1子	2.5ヶ月	妻の育休期間内に取得 （出生時に育休を開始）
3	38歳	サービス	企画	32歳	第1子	1ヶ月	妻の育休期間内に取得 （出生時に育休を開始）
4	39歳	サービス	営業	37歳	第2子	11ヶ月	妻の育休期間内に取得 （生後5ヶ月以降に育休を開始）
5	29歳	情報通信	システムエンジニア	28歳	第1子	6ヶ月	妻の育休期間内に取得 （生後5ヶ月以降に育休を開始）
6	38歳	サービス	人事	35歳	第1子	5ヶ月	妻の育休期間内に取得 （生後5ヶ月以降に育休を開始）
7	34歳	サービス	営業	32歳	第2子	3ヶ月	妻の育休期間内に取得 （生後5ヶ月以降に育休を開始）
8	37歳	サービス	運用	36歳	第1子	4.5ヶ月	妻が専業主婦
9	37歳	運輸	事務	35歳	第2子	4.5ヶ月	妻が専業主婦
10	42歳	製造	企画	37歳	第1子	3.5ヶ月	妻が専業主婦
				40歳	第2子	2ヶ月	妻が専業主婦
11	34歳	出版	編集	33歳	第2子	1ヶ月	妻が専業主婦
12	37歳	情報通信	企画	32歳	第1子	12ヶ月	妻が専業主婦
				35歳	第2子	6ヶ月	妻の育休期間内と復職時期に分けて取得
13	38歳	製造	開発	34歳	第1子	4ヶ月	妻の復職時期に取得
				37歳	第2子	3ヶ月	妻の育休期間内と復職時期に分けて取得
14	36歳	情報通信	プロジェクトマネージャー	29歳	第1子	3ヶ月	妻の復職時期に取得
				33歳	第2子	3ヶ月	妻の復職時期に取得

注）育休取得期間には有給休暇取得日数も含む。

分析テーマは「長期育休を取得した男性の内的変容プロセス」と設定した。分析焦点者は，民間企業において１ヶ月以上の育休を取得した男性とする。長期を１ヶ月以上と規定したのは，育休前に業務調整が必要であり，育休中は育児に専念することが日常的になると考えられるからである。分析は，木下（2003）の方法に従い，まず分析テーマに関連する箇所を一つの具体例（ヴァリエーション）とし，かつ他の類似具体例をも説明できると考えられる説明概念を生成した。ついで，データ分析を進めるなかで新たな概念を生成し，同時並行で，他の具体例をデータから探していった。生成した概念の完成度は類似例の確認だけでなく，対極例についての比較の観点からデータをみていくことにより，解釈が恣意的に偏らないよう配慮した。さらに，生成した概念と他の概念との関係を個々の概念ごとに検討し，複数の概念の関係からなるカテゴリーを生成したうえで分析結果をまとめた。なお，対極例についても結果図に示すこととした。

　本研究における理論的サンプリングは，育休のタイプを考慮して対象者を４つに分けて進められた。具体的には，妻の育休期間内に育休を取得しており，育休の開始が出生時だった３名（No.1〜3），妻の育休期間内に取得しており，育休の開始が生後５ヶ月以降だった４名（No.4〜7），妻が専業主婦だった４名（No.8〜11），妻の復職時期に育休を取得した経験のある３名（No.12〜14）である。

　以上の概念生成プロセスにおいては，分析の客観性を保持するため，M-GTAの心得のある研究者のスーパービジョンを受け，M-GTAの経験をもつ研究者２名のメンバーチェックを受けながら進められた。

3　結果と考察

　分析の結果，No.8以降の分析において新たな概念は生成されず，理論的飽和に達したと判断された。最終的に31カテゴリー，67概念が生成された。カテゴリー間の関係について検討し，図1-1に示す結果図を作成した。以下では，結果図に基づくストーリーラインを述べ，その後，心理面，行動面，環境面のそれぞれについて各カテゴリーと概念の説明を行う。なお，文中では，カテゴ

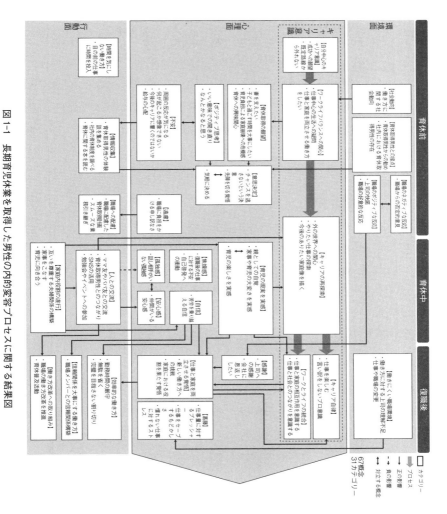

図1-1　長期育児休業を取得した男性の内的変容プロセスに関する結果図

リー，概念の名称は順に【　】，「　」で表示する。

■ 3-1　ストーリーライン

　もともとは【自分中心のキャリア意識】をもち，【時間を気にしない働き方】をしていた。しかし，【社会動向】の影響を受けて【ワークライフバランスへの

関心】が高まり，【育休取得の願望】をもつようになる。育休取得に関して【不安】を感じる場合は，育休に関する【情報収集】を行い，それにより育休を取得するという【意思決定】が促されるが，一方で【ポジティブ思考】によって【意思決定】がすぐに行われる場合もある。また，【育休取得男性との接点】も【意思決定】を後押しする。【意思決定】をした後は，職場に対して【遠慮】を感じることから，できるだけ【職場への配慮】を行う。自分自身については【キャリアの再探索】が始まり，これは育休中も続く。

育休中は，【家庭内役割の遂行】によって【育児の現実を実感】するとともに【自信】をもつようになる。また，【家庭内役割の遂行】を継続するうちに【人との交流】が増え，それによって【孤独感】が和らぎ【安心感】が生まれるが，自分のキャリアについて【焦燥感】を抱える人もいる。また，【育児の現実を実感】することや【人との交流】は【キャリアの再探索】にも影響を及ぼす。

復職後は，育休を取得できたことに【感謝】するが，この気持ちは育休前の時点における【職場のポジティブな反応】によって促される。復職後のキャリア意識は，【キャリア自律】や【ワークとライフの統合】へと変容している。育休中に【育児の現実を実感】したことは，【ワークとライフの統合】と【仕事と家庭を両立させる覚悟】を促し，この2つは相互に影響し合っている。また，【仕事と家庭を両立させる覚悟】は育休中に得た【自信】や【感謝】の気持ちによっても促され【キャリア自律】にも影響を及ぼしている。なお，復職時に【仕事と家庭を両立させる覚悟】をするものの，【働きにくい職場環境】である場合は【葛藤】がもたらされる。復職後の行動をみると，【効率的な働き方】は【仕事と家庭を両立させる覚悟】と【自信】によって，【信頼関係を大事にする働き方】は【自信】によって促されている。また，【働き方改革への取り組み】は育休中の【人との交流】から影響を受けている。

■ 3-2　側面ごとの結果と考察①：心理面

以下では，心理，行動，環境の3つの側面ごとに結果と考察を述べる。

まず心理面においては，キャリア意識として5カテゴリーが生成され（表1-2），それ以外のものとして育休前に5カテゴリー（表1-3），育休中に5カテゴリー（表1-4），復職後に3カテゴリーが生成された（表1-5）。

1）キャリア意識

キャリア意識は，【自分中心のキャリア意識】【ワークライフバランスへの関心】【キャリアの再探索】【キャリア自律】【ワークとライフの統合】の5つのカ

表1-2　キャリア意識のカテゴリー，概念およびヴァリエーションの例

カテゴリー	概念	ヴァリエーションの例
自分中心のキャリア意識	成功への願望	成果を誰よりも出したい，成功したい。（No. 11）
	既定路線から外れない	大黒柱神話みたいなの信じてたところがある。男は仕事，稼いでなんぼ。（No. 13）
ワークライフバランスへの関心	仕事中心の生活への疑問	仕事だけの生活になっているけど，このままでいいのかなぁとか。（No. 1）
	仕事と家庭を両立させる働き方をしたい	仕事は仕事でプライドをもって，家庭は家庭でやりたいことしっかりやるっていうスタンスがかっこいいと思って。（No. 5）
キャリアの再探索	外の世界への関心	本当にいかに狭い世界で生きてきたのか，みたいなのは気付かされた。〈中略〉やっぱり，世の中いろんな仕事があるし。（No. 14）
	やりたい仕事の探索	自分らしい自分でやりたいこととか見つけていった方がよっぽど幸せだろうと。（No. 12）
	今後のありたい家庭像を描く	今後の人生どうしようかみたいな話とかもできて，〈中略〉やっぱこの子に寄り添って生きてきたいなみたいな，一緒に考えて一緒に悩んで一緒にやってきたいなっていうのはすごい思うようになって。（No. 5）
キャリア自律	仕事を楽しむ	最初戻ってみたときに，すごく役割にとらわれている人が多いんだなっていう部分は見えた。〈中略〉じゃあ自分の役割を外した状態で，もっと面白くとらえられるにはどうしたらいいんだろうってことを思いながら仕事を見るようになったんです。（No. 1）
	言い訳をしないプロ意識	両方ある意味欲張りに追求したいなっていうふうに思った。家庭は絶対的にないがしろにできないから超大事，でもそのために仕事を脇に寄せることもしないっていうところが，今の子どもをもってからのスタンスかなとは思います。（No. 11）
ワークとライフの統合	仕事と家庭の相互作用を意識する	仕事一辺倒でキャリアを形成していくっていうことではなくて，仕事と家庭といろんなつながりそれぞれを融合させる形で，〈中略〉ライフの部分で得た経験をワークに還元したいっていう思考に至るようになった。（No. 9）
	仕事と社会とのつながりを意識する	子どもが将来どうなっていくんだろうなって考えたときに，そこを自分の仕事と照らし合わせて，自分たちがやっているようなところは，学校と社会との接点をつくるところだし，そこに対しての関わりっていうのは，すごく大きな影響力を今後ももっていくんだろうなと思って。（No. 8）

テゴリーで構成された。育休前の【自分中心のキャリア意識】には，"成果を誰よりも出したい，成功したい。(No. 11)"といった「成功への願望」と，"大黒柱神話みたいなの信じてたところがある。男は仕事，稼いでなんぼ。(No. 13)"のように「既定路線から外れない」という意識が含まれる。【ワークライフバランスへの関心】には，"仕事だけの生活になっているけど，このままでいいのかなぁとか。(No. 1)"のように「仕事中心の生活への疑問」を感じることと，"仕事は仕事でプライドをもって，家庭は家庭でやりたいことしっかりやるっていうスタンスがかっこいいと思って。(No. 5)"のように「仕事と家庭を両立させる働き方をしたい」という気持ちが含まれる。

　おもに育休中の【キャリアの再探索】には，"本当にいかに狭い世界で生きてきたのか，みたいなのは気付かされた。〈中略〉やっぱり，世の中いろんな仕事があるし。(No. 14)"といった「外の世界への関心」，"自分らしい自分でやりたいこととか見つけていった方がよっぽど幸せだろうと。(No. 12)"といった「やりたい仕事の探索」，"今後の人生どうしようかみたいな話とかもできて，〈中略〉やっぱこの子に寄り添って生きてきたいなみたいな，一緒に考えて一緒に悩んで一緒にやってきたいなっていうのはすごい思うようになって。(No. 5)"のように「今後のありたい家庭像を描く」ことが含まれる。

　復職後の【キャリア自律】には，"最初戻ってみたときに，すごく役割にとらわれている人が多いんだなっていう部分は見えた。〈中略〉じゃあ自分の役割を外した状態で，もっと面白くとらえられるにはどうしたらいいんだろうってことを思いながら仕事を見るようになったんです。(No. 1)"のように「仕事を楽しむ」ことと，"両方ある意味欲張りに追求したいなっていうふうに思った。家庭は絶対的にないがしろにできないから超大事，でもそのために仕事を脇に寄せることもしないっていうところが，今の子どもをもってからのスタンスかなとは思います。(No. 11)"のように「言い訳をしないプロ意識」が含まれる。また，【ワークとライフの統合】には，"仕事一辺倒でキャリアを形成していくっていうことではなくて，仕事と家庭といろんなつながりそれぞれを融合させる形で，〈中略〉ライフの部分で得た経験をワークに還元したいっていう思考に至るようになった。(No. 9)"のように「仕事と家庭の相互作用を意識する」ことと，"子どもが将来どうなっていくんだろうなって考えたときに，そこを自

分の仕事と照らし合わせて，自分たちがやっているようなところは，学校と社会との接点をつくるところだし，そこに対しての関わりっていうのは，すごく大きな影響力を今後ももっていくんだろうなと思って。（No. 8）"のように「仕事と社会とのつながりを意識する」ことが含まれる。

2）育休前

【育休取得の願望】には，「妻を支えたい」「子どもと過ごす時間を大事にしたい」という気持ちのほか，「育児負担による家庭崩壊への危機感」といった切羽詰まったものもある。これは，親の援助が得られにくかったり仕事が忙しかったりする人から得られた概念で，自分が育休を取得しなければ妻への負担が重くなってしまうことが背景にある。一方で，「育休への興味関心」といった比較的気軽なものもある。

【ポジティブ思考】には，「いい意味での開き直り」や「なんとかなると思う」ことが含まれ，いずれも育休取得による影響をネガティブにとらえて思い悩むのではなく，物事を前向きに考えていることがわかる。これに対して，【不安】には，「周囲の反応が気になる」「何が起こるか想像できない」「今後のキャリアに響くのではないか」「給与の心配」が含まれ，育休に関する予備知識がなく先を見通せないことが原因であると考えられる。

【意思決定】には，「チャンスを逃さないという決意」「先陣を切る覚悟」「気軽に決める」が含まれる。「チャンスを逃さないという決意」は，育休取得を人生で一度しかないチャンスだととらえ，そのチャンスを逃して後悔しないようにという気持ちから意思を決めることである。「先陣を切る覚悟」は，周囲に育休を取得した男性がいなくても，自分がその最初の人になろうという覚悟である。これに対して「気軽に決める」は，育休を経験した男性が身近にいた人から抽出された概念で，男性の育休は特別なことではないという認識のもと，気軽な気持ちで育休の取得を決めることである。そして，【意思決定】をしてから育休に入る前までの【遠慮】は，「職場に負担をかける申し訳なさ」であり，自分の仕事を誰かが肩代わりするなど，職場に影響が及んでしまうことを申し訳ないと思う気持ちである。

表 1-3　キャリア意識以外の心理面のカテゴリー，概念およびヴァリエーションの例（育休前）

カテゴリー	概念	ヴァリエーションの例
育休取得の願望	妻を支えたい	実際，産みますよって話になったときに〈中略〉私もできるだけのサポートをしたいって。（No. 10）
	子どもと過ごす時間を大事にしたい	子ども生まれたら我慢して働くんじゃなくて，今自分の使いたい時間は子どものためだなと思って。（No. 14）
	育児負担による家庭崩壊への危機感	逆にとれなかったら，たぶん家のことが崩壊するなぁと思っていたので。（No. 1）
	育休への興味関心	内側から湧き出るとか言うと変な表現なんですけど，シンプルに自分で取ってみたいなって思ったんですよね。（No. 2）
ポジティブ思考	いい意味での開き直り	まあ，悪くなったらそれでいいかって思ってた，もう腹くくって。〈中略〉このタイミングで休んでもいいじゃないのって，開き直りみたいなもんですけど。（No. 13）
	なんとかなると思う	まあ何とかなるかっていう感じではありました。（No. 2）
不安	周囲の反応が気になる	何言われるんだろうなみたいな，言った後にどうなるんだろうな，みたいなのやっぱりありましたね。（No. 12）
	何が起こるか想像できない	僕の想像を絶するようなことがいろいろ起こってっていうのは何となく分かってたんで，それに対しての漠然とした不安。（No. 5）
	今後のキャリアに響くのではないか	先輩が言うには，昇進はなくなるよとか，その場で言われたって言ってましたね。〈中略〉そういうことがあるんじゃないかとか。（No. 10）
	給与の心配	休むとその分お給料が，家計への影響っていうのがとても心配だった。（No. 11）
意思決定	チャンスを逃さないという決意	一生に一度しかないなという，今しかないっていうふうに思った。（No. 7）
	先陣を切る覚悟	誰かが取らないと多分始まらないと思うので。で，取ってみようかなってところはありましたね。（No. 4）
	気軽に決める	割と自然と，じゃ，どういうタイミングにしようかみたいな。（No. 14）
遠慮	職場に負担をかける申し訳なさ	誰かしらちょっと影響しちゃうんだなっていう申し訳なさは感じつつではありました。（No. 8）

3）育休中

【育児の現実を実感】には，「親としての自覚」「家事や育児の大変さを実感」「育児の楽しさを実感」が含まれる。「親としての自覚」は，第一子が生まれてすぐに育休を取得した人のみから抽出された概念であり，目の前にいる新生児の面倒をみるという現実に直面することによって，親としての自覚が芽生えていることがわかる。「家事や育児の大変さを実感」は，家事も育児もなかなかうまくいかないなかで試行錯誤し，その大変さを実感することである。これと対立する概念である「育児の楽しさを実感」は，子どもの成長を感じたり，子どもと一緒に遊んだりするなかで，育児の楽しさを実感することである。

　育休中に抱く感情には【焦燥感】【孤独感】【安心感】がある。【焦燥感】には，復職後に居場所があるのか，以前と同じように仕事ができるのかといった「復

表 1-4　キャリア意識以外の心理面のカテゴリー，概念およびヴァリエーションの例（育休中）

カテゴリー	概念	ヴァリエーションの例
育児の現実を実感	親としての自覚	明確にお父さんになったんだと思いますよ。〈中略〉子どもが生まれてから 1 ヶ月で，もうてんやわんやのドタバタがやっぱりあって，泣いてて，ギャングがいてっていう状態で。(No. 3)
	家事や育児の大変さを実感	子どもが泣いてどうにもならないみたいなことは想像しても想像しきれなかった部分で〈中略〉実際家事をするとかにしても，どんだけ時間があるか分からなかった。(No. 8)
	育児の楽しさを実感	人として成長していくすごく面白い瞬間だったり〈中略〉手触り感をちゃんと感じられる。(No. 1)
焦燥感	復職後の仕事に対する不安	まず本当に席があるのかとか，仕事できんのかなとかありました。(No. 12)
	自己啓発への衝動	半年休んでるんだったら，しかも奥さんも休んでるんだから，なんかやってんだろうなって思われるっていうプレッシャーは確かにあって。だから，勉強とかもやってたのも，ある種それに対する自分の中での言い訳じゃないですけど〈中略〉なんかやんなきゃなっていうのはありましたね。(No. 5)
孤独感	話し相手がいない孤独感	相談する相手もいないままでひたすらやってるみたいなのが，孤独でしたね。ものすごく孤独でした。(No. 9)
安心感	仲間がいる安心感	子ども連れて，みんな大変なんだな，みたいな。共有できたっていうのは，すごい大きかった。(No. 14)
自信	苦労を乗り越える自信	いろんな課題が幾つか出てくるんですけど，課題は大体，クリアするノウハウみたいなのが身に付いて。(No. 10)

職後の仕事に対する不安」と，育児の合間に自己啓発をして何か身につけなければという「自己啓発への衝動」が含まれる。【孤独感】は，家にこもって育児をしているなかでの「話し相手がいない孤独感」であり，これに対して【安心感】は，自分と同じような状況にある男性と育児経験を共有することによって得られる「仲間がいる安心感」である。なお，育休の終盤に感じる【自信】は，育休に関わるさまざまな課題をなんとかクリアしてきた経験によって生まれる「苦労を乗り越える自信」である。

4）復職後

【感謝】には「上司への感謝」と「会社に恩返ししたい」が含まれる。前者は，スムーズに育休が取れるように，また無理なく復職できるように上司が計らってくれたことに対する感謝である。後者は，自分が育休を取得できた背景にはさまざまな人の関わりがあっただろうことを踏まえ，それに対する感謝の気持

表1-5　キャリア意識以外の心理面のカテゴリー，概念およびヴァリエーションの例（復職後）

カテゴリー	概念	ヴァリエーションの例
感謝	上司への感謝	ある意味上司も，そのきっかけを与えてくれたっていう。感謝してますね。（No. 14）
	会社に恩返ししたい	恩返しかもしれないですね。やっぱり取らせてもらって休んで，休ませてもらって，いろんな人に影響もあったので。復帰してからは，そういうとこも含めて頑張んなきゃということで。（No. 7）
仕事と家庭を両立させる覚悟	新しい働き方への挑戦	ある時間で帰るって言ったときになると，結局覚悟なんだと。別にそれは制度とか仕組みとかじゃなくて，その本人が決めるか決めないか。（No. 4）
	家庭における役割を果たす覚悟	できるだけ半々でやろうっていう意識はありますし〈中略〉僕だけ仕事で，妻はある程度家庭みたいなふうになって，変に攻め守りみたいな役割分担みたいにはしたくなかった。（No. 5）
葛藤	仕事量に対するプレッシャー	仕事が終わんない。いくらやっても終わんない〈中略〉でも，家のこともやんなくちゃいけない。（No. 9）
	仕事をセーブするもどかしさ	突っ込みながらブレーキかけている感じなんですよね。アクセル踏みながらブレーキ踏む感覚がずっとあって。（No. 1）
	慣れない仕事に対するストレス	今まで家にいて，会社で使う頭と全く違ったので，戻って仕事に行くっていうところに対するストレスと，さらに違う組織違う仕事内容ってことに対するストレス。（No. 8）

ちから会社へ恩返ししたいと思うことである。

【仕事と家庭を両立させる覚悟】には「新しい働き方への挑戦」と「家庭における役割を果たす覚悟」が含まれる。前者は仕事に関するもので，長時間労働にならないような新たな働き方に挑戦することである。後者は家庭に関するもので，復職して仕事中心の生活に戻るのではなく，家事や育児など家庭における役割を果たす覚悟をすることである。

【葛藤】には「仕事量に対するプレッシャー」「仕事をセーブするもどかしさ」「慣れない仕事に対するストレス」が含まれる。「仕事量に対するプレッシャー」は，仕事も家事もやるべきことがたくさんありすぎてプレッシャーを感じることであり，「仕事をセーブするもどかしさ」は，復職後に仕事にフルコミットできずセーブすることに対してもどかしさを感じることである。「慣れない仕事に対するストレス」は，復職のタイミングで仕事や職場が変更になり，勝手がわからずストレスを感じることである。

■ 3-3　側面ごとの結果と考察②：行動面

行動面では，育休前に 3 カテゴリー（表 1-6），育休中に 2 カテゴリー（表 1-7），復職後に 3 カテゴリーが生成された（表 1-8）。

1）育休前

【時間を気にしない働き方】は，目の前の仕事に時間を投入して取り組むことである。【情報収集】には「育休取得男性の体験談を集める」「社内の育休制度を調べる」「育休に関する本を読む」が含まれる。「育休取得男性の体験談を集める」は，育休を取得したことのある男性の体験談を集めることであり，対象者は社内の先輩だったり社外の人だったりする。「社内の育休制度を調べる」は，社内の育休制度について詳細を調べることであり，なかには人事部に直接問い合わせた人もいる。「育休に関する本を読む」は，育児や育休に関する本を読むことである。

【職場への配慮】には，「職場に配慮した育休取得計画」と「スムーズな業務引き継ぎ」が含まれる。前者は，育休の取得時期や期間について，職場に迷惑がかからないような計画を立てることであり，後者は，できるだけ職場に負担がか

表 1-6　行動面のカテゴリー，概念およびヴァリエーションの例（育休前）

カテゴリー	概念	ヴァリエーションの例
時間を気にしない働き方	目の前の仕事に時間を投入	仕事をがむしゃらにやってて，それこそ 24 時間まで言わないですけど朝起きて会社に来て眠くなったら帰る，疲れたら帰るみたいな。(No. 13)
情報収集	育休取得男性の体験談を集める	実際にとった人，うちの会社のなかでとったことがある人，あとは社外でとったことがある人と，あとはそういう経験のなかでうまくいかなかった人とかも含めて調べて話を聞きに行って。(No. 1)
	社内の育休制度を調べる	人事に聞きに行ったんです確か。「育休って取っていいんですか，あるんですか？」「あるよ」みたいな話になって。(No. 3)
	育休に関する本を読む	育児の本を多分 10 冊ぐらいは，まとめ読みしました。(No. 6)
職場への配慮	職場に配慮した育休取得計画	担当変更するにしても，時間かけて引き継いでいかないと，大きなお客さんだから引き継げないとかっていうのがいろいろあったので。当初は夏に取る予定だったんですけど，それ取れなくて。それで冬になったっていう経緯はありましたね。(No. 7)
	スムーズな業務引き継ぎ	僕がやってたそのときの業務に，引き継ぎ先の人をつけてもらって。最初並走しながら，3 ヶ月間ぐらいかけて引き継ぎをして。(No. 2)

からないように，自分の仕事を整理してスムーズに業務を引き継ぐことである。

2）育休中

　【人との交流】には「ママ友やパパ友との交流」「育休取得男性とのつながり」「SNS の活用」「勉強会やイベントへの参加」が含まれ，これらは相互に関連し合っている。たとえば，子どもを通じてママ友やパパ友と交流するなかで，すでに育休を取得した経験のある男性や，現在育休中の男性とつながりができたり，育児や働き方に関連する勉強会やイベントなどに参加するきっかけができたりする。また，SNS で育児に関連する出来事などを発信したり情報収集したりすることによって，人とのつながりがより広がる場合もある。

　【家庭内役割の遂行】には，「互いを尊重する夫婦関係の構築」「家事をこなす」「育児に向き合う」が含まれる。「互いを尊重する夫婦関係の構築」は，些細な夫婦喧嘩などを通じて，互いを尊重する夫婦関係を構築していくことである。育休中は，家事をこなし，育児に向き合うだけでなく，それと並行して，

表 1-7　行動面のカテゴリー，概念およびヴァリエーションの例（育休中）

カテゴリー	概念	ヴァリエーションの例
人との交流	ママ友やパパ友との交流	やっぱり昼間の時間が自由に使えて動けるので子どもの体調とかリズムが合えばどこでも出掛けられる，人と会える。〈中略〉パパ友同士とつながると意外に面白いとか。(No. 13)
	育休取得男性とのつながり	知り合いの知り合いとかが，どんどん増えていって，イベントとか子どもみんな育休取ってるお父さんたちで，どっか行こうとかっていうのを企画してみんなで行ったりとか。(No. 12)
	SNS の活用	Facebook とかブログを休んでる間ずーっと発信し続けてたおかげで，とにかくいろんな人と常につながっているというか，そのレスもあるし，メッセージでくれる人もいるし。(No. 6)
	勉強会やイベントへの参加	育休中のワークショップに参加したりとか，わりとするようになって。(No. 14)
家庭内役割の遂行	互いを尊重する夫婦関係の構築	自分はどういう役割分担をすればいいのか，とか，向き合い方というか，課題解決型のアプローチではないんだっていう前提の中で〈中略〉夫婦のきずなが強まった。(No. 2)
	家事をこなす	朝起きてご飯，朝は適当ですけど，上の子いるので，上の子遊びながら，お昼は妻のご飯作ってとか。お出掛けして，でももう 5 時くらいから晩ごはん作り始めて，昼ぐらいには夜ご飯どうしようとか思いながら洗濯して。(No. 11)
	育児に向き合う	寝かしつけ，起きたらおむつ替えて，ミルク飲まして，着替えさせてとか。それが全部始まり，さらに上の子の赤ちゃん返りがマックスで，そっちも対応し，みたいな感じで。(No. 9)

改めて夫婦関係を構築していく様子がうかがえる。

3）復職後

【効率的な働き方】には，「勤務時間の厳守」「無駄を省く」「完璧を目指さない割り切り」が含まれる。勤務時間を決めて，何があってもその時間を守るようにする「勤務時間の厳守」を実現するためにも，短時間で成果を上げられるように「無駄な仕事を省く」ことや，完璧な仕事を目指すのではなく，折り合いをつけて仕事をしようとする「完璧を目指さない割り切り」を行っている。一方で，【信頼関係を大事にする働き方】である「職場メンバーとの信頼関係構築」は，育休中の育児経験などを踏まえ，職場メンバーとのコミュニケーションを通して信頼関係を構築することである。

表 1-8　行動面のカテゴリー，概念およびヴァリエーションの例（復職後）

カテゴリー	概念	ヴァリエーションの例
効率的な働き方	勤務時間の厳守	8 時には意地でも帰るみたいな，そういう生活はしてました。（No. 11）
	無駄を省く	どれだけ無駄なことをやらないかとか，無駄なことが発生しないようにするかとかっていうのを。（No. 4）
	完璧を目指さない割り切り	90 点でいいのに，95 点，100 点とかって求めがちじゃないですか。そこら辺の最低限のラインっていうのをしっかりアウトプットして。〈中略〉ここを 95 点にすることじゃなくって，本質的にはここだよねみたいなところはできるだけ立ち戻って考えるようにして。（No. 5）
信頼関係を大事にする働き方	職場メンバーとの信頼関係構築	メンバーへの関わり方っていうところに生きていますね。メンバーへの関わり方に。信頼がないと受け入れられないよねとか，だとすると，関係性を築けていない段階で，強いフィードバックをしても，たぶんあんまり意味がないんで，どうしたらこいつと関係性を築けるかなとか，っていうのを意識するようになりましたね。（No. 1）
働き方改革への取り組み	職場の働き方改革を推進	メンバーに帰らせるし，無駄な会議全部撤廃したりとかして，でも実績は上がるみたいな感じだった。（No. 6）
	育休普及活動	男性の取得率を増やしたいという目標があるんですけど，全然増えなくて。グループ内で取った人たちと，ちょっと興味持ってるけど，口に出せない人たちみたいなところを，つなぐイベントやりたいとかっていう話とか。（No. 7）

　【働き方改革への取り組み】には「職場の働き方改革を推進」と「育休普及活動」が含まれる。前者は，職場メンバーにとって働きやすい職場になるよう働き方改革を推進することであり，社内での取り組みである。後者は，男性の育休が普及するように自分の体験を他の人に伝えたりイベントを企画したりすることであり，社内だけでなく社外にまで輪を広げた取り組みである。

■ 3-4　側面ごとの結果と考察③：環境面

　環境面では，育休前に 4 カテゴリー（表 1-9），復職後に 1 カテゴリーが生成された（表 1-10）。

1）育休前

　【社会動向】の「働き方に関する社会動向」は，新聞やニュースでワークライフバランスや育休制度に関する社会動向を把握していることである。【育休取

表 1-9　環境面のカテゴリー，概念およびヴァリエーションの例（育休前）

カテゴリー	概念	ヴァリエーションの例
社会動向	働き方に関する社会動向	なんかニュースとかで，育休を取る方がいらっしゃいますとか，そういうのしないといけないみたい話が出てるとかっていうのを聞いて。(No. 4)
育休取得男性との接点	育休取得男性からの勧め	知り合いがたくさんいた中で，「絶対取ったほうがいいよ」って。(No. 13)
	社内における育休取得男性の存在	あんまいないけど，直近にいたんですよ，先輩がいて。その人は半年ぐらい取ってて。(No. 7)
職場のポジティブな反応	上司の快諾	自分の上司はどう考えても上司自身が忙しくなることは分かってたんですが〈中略〉全力で応援するという話になったんですね。(No. 9)
	職場の好意的な反応	結構みんな祝福してくれたし，行ってこいみたいな感じで。いいじゃんいいじゃんて面白がってくれた人のほうが多かったですね。(No. 3)
職場のネガティブな反応	職場からの否定的意見	男は全員，なんで取るんですかみたいな。奥さん，すぐ復帰しなきゃいけないんですかとか，事情を聞きたがるんです。(No. 6)

得男性との接点】には「育休取得男性からの勧め」と「社内における育休取得男性の存在」が含まれる。前者は，育休を取得した経験のある男性から直接，育休を取得したほうがいいと勧められることであり，後者は，社内において育休取得経験がある，あるいは育休中の男性が存在していることである。

　【職場のポジティブな反応】には，上司が育休の取得を快諾してくれる「上司の快諾」，職場の人が育休取得を肯定的にとらえ，好意的な反応をしてくれる「職場の好意的な反応」が含まれる。一方で，【職場のネガティブな反応】も存在し，育休取得に関して職場の人から否定的な意見を言われる「職場からの否定的意見」は，直接言われる場合もあれば，間接的に耳に入ってくる場合もある。

2）復職後

　【働きにくい職場環境】には，「働き方に対する上司の理解不足」と「仕事や

表1-10 環境面のカテゴリー，概念およびヴァリエーションの例（復職後）

カテゴリー	概念	ヴァリエーションの例
働きにくい職場環境	働き方に対する上司の理解不足	僕は育休復帰から基本，定時で帰ってんですけど，上司とかから「派遣の人を置いて帰るのはどうなんだ」みたいなのは言われたりとかはする。(No. 10)
	仕事や職場の変更	最初の3ヶ月はやっぱりエンジンならさなきゃならないっていうのがあったんで，10時15分〜17時っていう形で，時短をやってたんです。(No. 9)

職場の変更」が含まれる。前者は，復職後の働き方について上司が理解を示してくれないことであり，後者は，復職のタイミングで仕事や職場が変更になることである。

4 総合考察

　本研究では，長期育休を取得した男性の内的変容プロセスについて検討し，心理面，行動面，環境面からなる仮説モデルを提示した。以下に，育休取得の影響要因，内的変容プロセスとその影響要因，復職後の行動について考察する。

■ 4-1　育休取得の影響要因

　育休取得の【意思決定】に「チャンスを逃がさないという決意」や「先陣を切る覚悟」が含まれていることからも，育休取得は男性にとってハードルが高いことがわかる。その意思決定に影響を及ぼす直接的な心理的要因は【育休取得の願望】と【ポジティブ思考】である。

　【育休取得の願望】には，「育休への興味関心」や「子どもと過ごす時間を大事にしたい」という育児への関心に基づくものが含まれる一方で，「妻を支えたい」という気持ちや「育児負担による家庭崩壊への危機感」といった差し迫った動機の場合もある。後者は，育児の負担が妻に偏っていることが前提にあると考えられる。これらの【育休取得の願望】の背景には，マスメディアがワークライフバランスを取り上げるようになり，イクメンという言葉が登場するなどの【社会動向】があり，その影響を受けて男性も【ワークライフバランス

への関心】をもつようになるというキャリア意識の変容が存在している。すなわち，育児は女性の役割だととらえ，【自分中心のキャリア意識】をもっていた男性であっても，働き方に関する世の中の動きの影響を受け，自分の働き方や家族との関わり方を見つめ直すことで，育休取得を決意するに至るのである。

　【ポジティブ思考】は育休取得の【意思決定】を促すが，一方で【不安】を抱える場合もある。女性も育休を取得することによる不安は当然あるだろうが，男性の場合は，育休取得を経験したことのある人が圧倒的に少ない分，「何が起こるか想像できない」といった漠然としたものを含め種々の不安を抱くと考えられる。これは男性が長期育休の取得を躊躇する一因でもあるだろう。しかし，不安を抱えたままで終わらせず，育休に関する【情報収集】をすることや，【育休取得男性との接点】があることによって，育休取得の【意思決定】が促される。すなわち，最初からポジティブに考えることができなくても，自分にとって必要な情報を集めるという行動を起こせば，不安材料の一部は解消されると解釈できる。また，身近に育休を取得したことのある男性がいれば，育休を取得するという決断を後押しする存在になるだろう。キャリア探索は自己探索と環境探索の２つから構成されるが（Stumpf et al., 1983），情報収集は後者に相当すると考えられる。不安が情報収集行動を促進するという本研究の結果は，キャリア未決定の状態にある就業者はキャリア探索行動を頻繁に行うことを明らかにしたCallanan & Greenhaus（1990）の知見と整合する。また，男性が育休を取得するきっかけとして，周囲に育休を取得した男性がいる，もしくはそのような男性の本を読んだ経験がある点を報告した岩谷ら（2009）の研究と一致する。

■ 4-2　内的変容プロセスとその影響要因

　キャリア意識の変容プロセスをみると，最初は【自分中心のキャリア意識】をもっていたが，【ワークライフバランスへの関心】が高まることにより，育休に入る前から【キャリアの再探索】が始まることがわかる。また，育休中は，【人との交流】や【育児の現実を実感】することによる影響を受けながら，【キャリアの再探索】が続くことになる。そして，復職後は，【キャリア自律】や【ワークとライフの統合】といった育休前とは異なるキャリア意識をもつに至る。

前者は復職後の【仕事と家庭を両立させる覚悟】により促進されている。一方，後者は育休中の【育児の現実を実感】することにより促され，また復職後の【仕事と家庭を両立させる覚悟】とは相互に影響し合っている。復職後のキャリア意識のどちらとも関連している【仕事と家庭を両立させる覚悟】についてみると，育休中に【育児の現実を実感】したことや，育休中の経験を通して【自信】をつけたことが促進要因となっている。また，育休取得にあたり【職場のポジティブな反応】を得られたことから，復職後に上司や会社に対して【感謝】の気持ちを抱くようになることも，【仕事と家庭を両立させる覚悟】の背景にはある。

Pickens（1982）は，出産によりアイデンティティの危機を経験した母親が次第に母親役割を肯定的に評価し自信をもつようになることを明らかにしたが，本研究においては，男性が育休を取得したことによって苦労を乗り越える自信をもつようになることが示された。また，働く母親が母親役割を意識しながらも，出産前に職業人として培った自己をもとに自分自身を形成していきたいと考えるように（井上・濱口，2015），本研究からは，復職した男性は仕事と家庭の相互作用を意識しながらも，言い訳をしないプロ意識をもつなど自身のキャリアを自律的に築いていきたいと考えていることが示唆された。

一方で，育休を取得し復職した男性がこのような内的変容を遂げたことを想定していない職場もあるだろう。実際，復職後の【働きにくい職場環境】により，育休を取得した男性が【葛藤】を抱える場合もある。

■ 4-3　復職後の行動

復職後の行動として，【効率的な働き方】【信頼関係を大事にする働き方】【働き方改革への取り組み】が挙げられる。【効率的な働き方】の背景には，育休中に獲得した【自信】と復職後の【仕事と家庭を両立させる覚悟】が存在している。これは，育休取得男性は仕事と家事・育児をどのように配分するかという実践を自らに迫り，業務を圧縮して労働時間を短縮しているとした齋藤（2012）や，育休が時間管理能力や仕事を効率的に進める能力を高めることを示した脇坂（2008）の知見と整合する。また，【信頼関係を大事にする働き方】は【自信】により促される。仕事と家庭を両立させるためには，限られた時間のなかで効

率的に働くことが求められるが，その効率性を追求するだけでなく，職場メンバーとのコミュニケーションを通して信頼関係を構築するという行動が生じることは注目に値する。信頼関係を大事にするということは，それだけコミュニケーションに時間を費やすことでもあり，一見すると効率的な働き方と矛盾するようにも感じる。しかし，育休中に家事をこなしながら育児に向き合った経験から，人を動かしたり育てたりするにはコミュニケーションが欠かせないことを学び，育休中に試行錯誤するなかで自信をもつことができたからこそ，職場メンバーとの信頼関係構築を大事にする働き方を心がけるようになるのだろう。Super（1957）が示した確立段階のキャリア発達課題として「他者との関わり方を学ぶ」ことが挙げられているが，本研究の結果から，育休中の経験を通して他者との関わり方を学び，それが男性のキャリア発達を促すことが示唆された。

　一方，【働き方改革への取り組み】は，育休中の【人との交流】から影響を受けている。育休中に，育休を取得している，あるいは育休を取得したことのある男性とのつながりができたり，育休に関する会合に参加したりして人脈が広がり，それが復職後まで続くこともある。よって，社内において「職場の働き方改革を推進」するだけでなく，社内外を含めた「育休普及活動」に取り組む場合もあると考えられる。

■ 4-4　まとめと課題

　本研究では，民間企業において1ヶ月以上の育休を取得した男性へのインタビューを行い，男性の長期育休取得に影響を及ぼす要因を明らかにした。また，長期育休を通じた男性の内的変容プロセスや，それによって生じる復職後の行動についても示すことができた。すなわち，育休取得に対して不安を抱いていた男性が，試行錯誤を経てキャリア発達していく姿が明らかとなった。しかし，これは限られた範囲での結果であり，一般化の判断は慎重に行う必要がある。具体的には，対象者の育休期間は1ヶ月から12ヶ月の間であるが，女性の平均的な育休期間は産後12ヶ月程度までである。今後は12ヶ月程度の育休を取得した男性の内的変容について精緻にとらえることが必要である。

　また，本研究では長期育休を取得した男性の内的変容プロセスを明らかにし

たが，長期育休を取得していない男性も，親となることでキャリア意識などが変容するだろう。今後は，出産に際して数日間の休暇を取得した男性や，まったく休暇を取得しなかった男性なども対象とし，研究を展開していくことが求められる。そこで次章では，働く父親を対象とし，育休がキャリア自律やワークライフバランスに及ぼす影響について検討する。

第2章

男性の育休はキャリア自律や
ワークライフバランスにどのように
影響するのか？
（研究2）

本章では，第1章の知見に基づき，男性の育休がキャリア自律およびワーク・ファミリー・ファシリテーションにどのような影響を及ぼすのかを検討する。

1　目　　的

　本研究では，働く父親におけるキャリア自律とワーク・ファミリー・ファシリテーションについて，育休との関係から検討することを目的とする。先述の通り，育休を取得した男性が，復職後に「仕事を楽しむ」「言い訳をしないプロ意識」といったキャリア自律の意識をもつようになることが報告されているが（研究1），これらは堀内・岡田（2016）が示したキャリア自律の心理的側面におおむね相当する。また，復職後の行動として育休普及活動や効率的な働き方が挙げられているが（研究1），それぞれ堀内・岡田（2016）が示したキャリア自律行動の「ネットワーク行動」「主体的仕事行動」におおむね相当すると考えられる。さらに，育休を経て復職した男性がワークとライフを統合する意識をもつようになることや，職場メンバーとの信頼関係を大事にする働き方を実践するようになることが示唆されており（研究1），以上の内容はワーク・ファミリー・ファシリテーションに相当すると考えられる。したがって，以下の仮説が導き出される。

〈仮説1〉 育休はキャリア自律心理を促進する

〈仮説2〉 育休はキャリア自律行動を促進する

〈仮説3〉 育休はワーク・ファミリー・ファシリテーションを促進する

　なお，父親になることに焦点を当てた先行研究では，その男性が育休を取得したか否かは検討要素に含まれておらず，育休を取得した男性を対象とした研究では，その変化が父親になったことによるものか育休を取得したことによるものかは区別しきれていない（研究1：齋藤，2012）。そこで，本研究では働く父親を対象とし，育休による効果を明らかにする。育休のポジティブな影響を明らかにすることは，育休の取得を躊躇している男性の助けとなるだろう。また，男性の育休推進に対して懐疑的な企業に対しても示唆を与えることができると考える。

2 　方　　　法

■ 2-1　調査対象者および手続き

　インターネット調査会社マクロミルに委託し，同社モニターを対象にインターネットを用いたアンケート調査を実施した。子どもが小学生の高学年になると子育ての負担がやや軽くなることを踏まえ，10歳未満の子をもつ既婚の20代～40代の正規雇用の男性という条件を設けた。また，調査にあたり，1ヶ月以上の育休経験者はごく少数であることから，対象となるモニターの出現も厳しいことが予想された。そこで，現実的な出現率を踏まえたうえで1ヶ月以上の育休経験者を約50名，1ヶ月未満の育休経験者を約100名，育休未経験者を約500名という割付目標を設け，できる範囲で回収することとし，合計653の有効サンプルを確保した。本調査の実施期間は，2019年7月29日～2019年7月31日であった。

■ 2-2　調査項目

　調査項目は以下の通りであり，「仕事や家庭に関するアンケート」という名称で行った。

1）キャリア自律心理

　堀内・岡田（2016）のキャリア自律心理尺度 12 項目を用いた。本尺度は，「職業的イメージの明確さ」（「自分の能力を発揮できる仕事上の得意分野が見つかっている」「自分はどんな仕事をやりたいのか明らかである」など 4 項目），「主体的キャリア形成意欲」（「これからのキャリアを，より充実したものにしたいと強く思う」「キャリア設計（職業生活の設計）は，自分にとって重要な課題である」など 4 項目），「キャリアの自己責任自覚」（「納得いくキャリアを歩めるかどうかは，自分の責任だと思う」「キャリア形成は，自分自身の責任である」など 4 項目）の 3 因子により構成されている。教示文は「キャリアや仕事についてあなたが日頃どのように思われているかお伺いします。以下の各文を読んで，あなた自身にどれくらいあてはまるかを選択肢から 1 つ選んでください。」というものであった。回答方法は，1（あてはまらない），2（あまりあてはまらない），3（どちらともいえない），4（ややあてはまる），5（あてはまる）の 5 件法であった。

2）キャリア自律行動

　堀内・岡田（2016）のキャリア自律行動尺度 15 項目を用いた。本尺度は，「職場環境変化への適応行動」（「新しい環境や状況にも，わりあい早くなじんで対応している」「職場環境がどう変わっても動揺しないで対応している」など 4 項目），「キャリア開発行動」（「自分の職種，業界分野における最新動向を常に情報収集している」「社会・経済の動きや成り行きに関する情報を，積極的に収集している」など 4 項目），「ネットワーク行動」（「新しい人間関係が構築できるように，社内外の活動に積極的に参加している」「仕事と直接関係ない人とも積極的に交流するようにしている」など 3 項目），「主体的仕事行動」（「自分の満足感を高めるように，仕事のやり方を工夫している」「常に自発的に仕事を行っている」など 4 項目）の 4 因子により構成されている。教示文は「あなたのキャリアや仕事上の行動についてお伺いします。以下の各文を読んで，あなた自身にどれくらいあてはまるかを選択肢から 1 つ選んでください。」というものであった。回答方法は，1（あてはまらない），2（あまりあてはまらない），3（どちらともいえない），4（ややあてはまる），5（あてはまる）の 5 件法であった。

第Ⅰ部

第Ⅱ部

第Ⅲ部

3）ワーク・ファミリー・ファシリテーション

　富田ら（2019）のワーク・ファミリー・バランス尺度よりワーク・ファミリー・ファシリテーションに該当する2因子6項目を用いた。具体的には，「仕事→家庭促進」（「仕事での経験が，家庭での問題解決に役に立つ」「仕事をしているおかげで，家族にとっても魅力的な存在になれる」など3項目），「家庭→仕事促進」（「家庭で受ける愛情や尊敬のおかげで，仕事の時にも自信がもてる」「家庭生活によってリラックスでき，翌日も仕事に励もうという気持ちになる」など3項目）である。教示文は「あなたの普段の生活についてお伺いします。以下の各文を読んで，もっともよくあてはまる選択肢を1つ選んでください。なお，家事には，介護，育児も含みます。家庭・家族は，同居・別居を問いません。」というものであった。回答方法は，1（全く違う），2（どちらかといえば違う），3（どちらともいえない），4（どちらかといえばその通り），5（全くその通り）の5件法であった。

4）育休取得の有無および期間

　まず，育休取得の有無を確認するため次の質問を用意した。すなわち，「あなたご自身は，育休（配偶者出産休暇など育休に相当する有給休暇も含みます）を取得したことがありますか。」という質問に対して，1（取得したことはない），2（現在取得中である），3（過去に取得したことがある（現在取得中ではない））の選択肢で回答を求め，育児や家事を全面的に担っていることの影響を排除するため，現在取得中の者を対象外とした。そして，過去に取得したことがある者に対して，育休期間を確認するため次の質問を用意した。すなわち，「あなたご自身が取得した育休（配偶者出産休暇など育休に相当する有給休暇も含みます）はどのくらいの期間でしたか。複数回取得された方は，最も長い期間取得したお子さんについてお答えください。」という質問に対して，1（5日未満），2（5日〜2週間未満），3（2週間〜1ヶ月未満），4（1ヶ月〜3ヶ月未満），5（3ヶ月〜6ヶ月未満），6（6ヶ月以上）という選択肢で回答を求めた。

5）フェイスシート

　上記質問のほかに，学歴，妻の雇用形態，末子（一人っ子を含む）の年齢等について回答を求めた。

3 結　果

■ 3-1　回答者の属性

　回答者の属性を表2-1に示す。年齢は，25歳未満3名，25-29歳24名，30-34歳106名，35-39歳189名，40-44歳212名，45-49歳119名で，平均年齢は39.2歳（$SD = 5.42$）であった。育休取得経験者の育休期間は，5日未満61名，5日〜2週間未満26名，2週間〜1ヶ月未満16名，1ヶ月〜3ヶ月未満25名，3ヶ月〜6ヶ月未満15名，6ヶ月以上9名であった。学歴は，中学卒6名，高校卒116名，専修学校（専門課程）卒70名，短大・高専卒25名，大学卒375名，大学院卒61名であった。勤務先は，国内系企業499名，外資系企業24名，その他各種法人・団体42名，政府・官公庁70名，その他18名であった。職種は，営業系99名，企画系30名，事務系130名，専門職系104名，販売・サービス系44名，IT系50名，技術系148名，その他48名であった。妻の雇用形態は，正規雇用477名，非正規雇用94名，フリーランスや自営業5名，その他（専業主婦を含む）77名であった。末子（一人っ子を含む）の年齢は，0歳57名，1歳72名，2歳83名，3歳69名，4歳70名，5歳67名，6歳68名，7歳63名，8歳44名，9歳60名であった。

■ 3-2　尺度の信頼性

　各尺度の下位尺度について，クロンバックの信頼性係数$α$を算出した結果，キャリア自律心理尺度については，「職業的自己イメージの明確さ」が.82，「主体的キャリア形成意欲」が.75，「キャリアの自己責任自覚」が.62であり，「キャリアの自己責任自覚」がやや低いものの，おおむね満足できる水準であ

表2-1　回答者の属性とその内訳

	育休なし 501名（76.7%）	1ヶ月未満 103名（15.8%）	1ヶ月以上 49名（7.5%）
20代 27名（2.8%）	15名	7名	5名
30代 295名（45.2%）	232名	44名	19名
40代 331名（50.7%）	254名	52名	25名

った。キャリア自律行動尺度については，「職場環境変化への適応行動」が .81，「キャリア開発行動」が .75，「ネットワーク行動」が .79，「主体的仕事行動」が .81 であり，満足できる信頼性が示された。ワーク・ファミリー・ファシリテーションについては，「仕事→家庭促進」が .58，「家庭→仕事促進」が .64 とやや低いが，おおむね満足できる水準であった。

■ 3-3　尺度得点の育休期間による比較

まず，育休取得期間により，調査対象者を「育休なし（501 名）」「1 ヶ月未満（103 名）」「1 ヶ月以上（49 名）」の 3 群に分けた。そして，各尺度の下位尺度に相当する項目の評定値を平均したものを下位尺度得点とし，群別に平均値，標準偏差を算出後，一元配置分散分析を行い多重比較（Tukey の HSD 法）を試みた（表 2-2）。

キャリア自律心理は，「職業的自己イメージの明確さ」（$F(2, 650) = 3.09$，p

表 2-2　一元配置分散分析および多重比較の結果

		育休なし (a) ($n = 501$)		1 ヶ月未満 (b) ($n = 103$)		1 ヶ月以上 (c) ($n = 49$)		一元配置分散分析	多重比較 (Tukey の HSD 法)
		平均	SD	平均	SD	平均	SD		
キャリア自律心理	職業的自己イメージの明確さ	3.14	0.84	3.36	0.87	3.24	0.99	*	a < b
	主体的キャリア形成意欲	3.32	0.80	3.51	0.82	3.35	0.87		
	キャリアの自己責任自覚	3.45	0.67	3.42	0.65	3.48	0.68		
キャリア自律行動	職場環境変化への適応行動	3.13	0.80	3.42	0.70	3.18	0.98	**	a < b
	キャリア開発行動	3.13	0.83	3.54	0.80	3.30	0.94	***	a < b
	ネットワーク行動	2.77	0.87	3.10	0.93	3.00	1.01	**	a < b
	主体的仕事行動	3.30	0.80	3.55	0.80	3.38	0.91	*	a < b
ワーク・ファミリー・ファシリテーション	仕事→家庭促進	2.87	0.79	3.00	0.74	3.06	0.84		
	家庭→仕事促進	3.10	0.81	3.22	0.84	3.11	0.81		

*$p < .05$, **$p < .01$, ***$p < .001$

< .05）において，「1ヶ月未満」群が「育休なし」群よりも有意に高かった。
「主体的キャリア形成意欲」（$F_{(2, 650)}$ = 2.55, *n.s.*）および「キャリアの自己責任
自覚」（$F_{(2, 650)}$ = 0.17, *n.s.*）については，育休取得期間による有意な差はみら
れなかった。キャリア自律行動は，「職場環境変化への適応行動」（$F_{(2, 650)}$ =
5.49, *p* < .01），「キャリア開発行動」（$F_{(2, 650)}$ = 10.98, *p* < .001），「ネットワーク
行動」（$F_{(2, 650)}$ = 6.78, *p* < .01），「主体的仕事行動」（$F_{(2, 650)}$ = 4.04, *p* < .05）
において，「1ヶ月未満」群が「育休なし」群よりも有意に高かった。ワーク・
ファミリー・ファシリテーションは，「仕事→家庭促進」（$F_{(2, 650)}$ = 2.16, *n.s.*），
「家庭→仕事促進」（$F_{(2, 650)}$ = 0.91, *n.s.*）ともに育休取得期間による有意な差は
見いだされなかった。

■ 3-4　変数間相関

　育休の有無をダミー変数に変換したうえで，各変数間の相関係数を求めた
（表2-3）。その結果，まず育休は，キャリア自律行動のすべての変数との間，ま
た「職業的自己イメージの明確さ」との間に.20未満の相関が示された。次に，
キャリア自律心理の「職業的自己イメージの明確さ」および「主体的キャリア
形成意欲」は，キャリア自律行動のすべての変数との間に.34から.65の相関
が認められた。また，「キャリアの自己責任自覚」は，キャリア自律行動のうち
「ネットワーク行動」を除く3変数との間に.15から.27の相関がみられた。そ
して，キャリア自律行動の「キャリア開発行動」および「ネットワーク行動」
は，「仕事→家庭促進」「家庭→仕事促進」との間に.20未満の相関が確認され
た。

表 2-3　各変数間の相関係数

	平均	SD	1	2	3	4	5	6	7	8	9	10
1 育休ダミー	—	—	—	.09*	.08	−.01	.11**	.17**	.14**	.10**	.01	.07
2 職業的自己イメージの明確さ	3.18	0.86		—	.46**	.23**	.51**	.56**	.47**	.65**	.02	−.01
3 主体的キャリア形成意欲	3.35	0.81			—	.33**	.34**	.51**	.34**	.47**	.03	−.05
4 キャリアの自己責任自覚	3.44	0.67				—	.15**	.21**	.03	.27**	−.13**	−.21**
5 職場環境変化への適応行動	3.18	0.81					—	.59**	.57**	.69**	−.05	−.06
6 キャリア開発行動	3.21	0.84						—	.65**	.68**	.12**	.08*
7 ネットワーク行動	2.84	0.90							—	.52**	.14**	.19**
8 主体的仕事行動	3.35	0.81								—	.01	−.08*
9 仕事→家庭促進	3.12	0.82									—	.55**
10 家庭→仕事促進	2.90	0.79										—

$N = 653$

*$p < .05$,　**$p < .01$

■ 3-5　重回帰分析の結果

　育休ダミーを説明変数とし，キャリア自律心理，キャリア自律行動，ワーク・ファミリー・ファシリテーションの下位尺度それぞれを基準変数とした重回帰分析（強制投入法）を行った（表 2-4，表 2-5，表 2-6）。なお，分析に際し，本人の年齢，末子の年齢，妻の雇用形態のほか，勤務先が外資系企業であることや専門職に就いていることなどはキャリア自律やワーク・ファミリー・ファシリテーションに影響を与え得る変数であると考え，これらを統制変数として投入した。

　解析の結果，まず，キャリア自律心理については，育休ダミーから「職業的自己イメージの明確さ」（$\beta = .10$，$p < .05$）への有意な影響が確認されたが，「主体的キャリア形成意欲」および「キャリアの自己責任自覚」への有意な影響はみられなかった。すなわち，仮説 1 は部分的に支持された。キャリア自律行動については，育休ダミーから「職場環境変化への適応行動」（$\beta = .11$，$p < .01$）「キャリア開発行動」（$\beta = .17$，$p < .001$）「ネットワーク行動」（$\beta = .14$，p

表2-4　キャリア自律心理を基準変数とした標準化偏回帰係数

	職業的自己イメージ の明確さ	主体的キャリア 形成意欲	キャリアの 自己責任自覚
育休ダミー	.10*	.07	− .02
本人の年齢	.08	− .03	− .02
末子の年齢	− .01	.00	− .08
正規雇用の妻ダミー	.01	− .02	− .07
外資系企業ダミー	− .08	− .03	− .01
専門職ダミー	.07	.00	− .03
重決定係数	.02	.01	.01

$N = 653$
$^*p < .05$

表2-5　キャリア自律行動を基準変数とした標準化偏回帰係数

	職場環境変化 への適応行動	キャリア開発 行動	ネットワーク 行動	主体的 仕事行動
育休ダミー	.11**	.17***	.14***	.11**
本人の年齢	.00	.04	− .02	.04
末子の年齢	− .01	− .01	.06	.04
正規雇用の妻ダミー	.01	.04	.07	− .01
外資系企業ダミー	− .09*	− .04	− .04	− .06
専門職ダミー	.00	.07	.03	.04
重決定係数	.02	.04	.03	.02

$N = 653$
$^*p < .05,\ ^{**}p < .01,\ ^{***}p < .001$

表2-6　ワーク・ファミリー・ファシリテーションを基準変数とした標準化偏回帰係数

	仕事→家庭促進	家庭→仕事促進
育休ダミー	.09*	.04
本人の年齢	.01	.09*
末子の年齢	.05	− .07
正規雇用の妻ダミー	.03	.01
外資系企業ダミー	.02	− .04
専門職ダミー	.02	.03
重決定係数	.01	.01

$N = 653$
$^*p < .05$

第Ⅰ部

第Ⅱ部

第Ⅲ部

< .001)「主体的仕事行動」（$\beta = .11$, $p < .01$）すべてに対して有意な影響が示された。これにより，仮説2は支持された。次に，ワーク・ファミリー・ファシリテーションとの関係をみると，育休ダミーから「仕事→家庭促進」（$\beta = .09$, $p < .05$）への有意な影響が確認されたが，「家庭→仕事促進」への有意な影響はみられなかった。すなわち，仮説3は部分的に支持された。なお，統制変数である外資系企業から「職場環境変化への適応行動」（$\beta = -.09$, $p < .05$），本人の年齢から「家庭→仕事促進」（$\beta = .09$, $p < .05$）への影響が有意であった。

4　考　　察

　本研究では，育休がキャリア自律やワーク・ファミリー・ファシリテーションに及ぼす影響について，3つの仮説に従って検討したところ，以下のことが明らかとなった。

■ 4-1　育休がキャリア自律心理に及ぼす影響

　育休はキャリア自律心理の「職業的自己イメージの明確さ」を促していた。すなわち，育休の経験を経て，自分は何が得意なのか，自分は何をやりたいのかという主観的な自己認識が促されるようになると解釈できる。これは，育休中にやりたい仕事を探索するなどキャリアの再探索が行われ，復職後に仕事を楽しむといったキャリア自律の意識をもつようになることを示した研究1の知見と整合する。

　一方，「主体的キャリア形成意欲」や「キャリアの自己責任自覚」に対する育休の影響はみられなかった。堀内・岡田（2016）では，仕事上の転機経験がある社員は転機経験のない社員に比べ，「職業的自己イメージの明確さ」だけでなく「主体的キャリア形成意欲」や「キャリアの自己責任自覚」も有意に高いことが示されていた。育休もキャリア上の転機になり得るだろうが，これまでの仕事経験と大きく異なる転職・異動，自己変革を迫られる仕事上の変化といった堀内・岡田（2016）の転機経験とは異なり，直接的に仕事に関わる経験ではないことが，本研究で得られた結果との間に違いがみられた背景として考えられる。

　しかし，研究1において1ヶ月以上の育休を経て復職した後の心理面として示された「言い訳をしないプロ意識」や「仕事と家庭を両立させる覚悟」は，キャリア自律心理の「主体的キャリア形成意欲」や「キャリアの自己責任自覚」に類似するものである。また，育休を経て復職した女性を対象とした井上・濱口（2015）が示した，職業人として培った自己と母親役割を意識しながら，自分自身を形成していきたいという心理は，キャリア自律心理の「主体的キャリア形成意欲」に類似している。本研究の結果からは，「主体的キャリア形成意欲」や「キャリアの自己責任自覚」への育休による影響はみられなかったが，これらは，父親になることによる男性の変化として未来への展望や責任感が挙げられているように（森下，2006），育休を取得したか否かよりも，父親になったことによる影響のほうが大きい可能性がある。

■ 4-2　育休がキャリア自律行動に及ぼす影響

　育休は，キャリア自律行動である「職場環境変化への適応行動」「キャリア開発行動」「ネットワーク行動」「主体的仕事行動」すべてを促進することが明らかとなった。研究1では，育休中の育児や家事の経験により苦労を乗り越える自信をもつようになり，それによって新しい働き方へ挑戦するようになることが報告されており，これは，育休が「職場環境変化への適応行動」を促すという本研究の結果と一致する。また，復職後の行動として，育休中に構築した人脈を生かした育休普及活動や，「無駄を省く」「完璧を目指さない割り切り」といった効率的な働き方を挙げられている（研究1）。すなわち，育休が「ネットワーク行動」や「主体的仕事行動」を促すとした本研究の結果は，これらの知見を支持するものである。

　なお，本研究では，育休が「キャリア開発行動」につながることが示された。脇坂（2010）は，育休経験のある男性は仕事上の成長感が高いことを報告しているが，仕事のために新しいことを積極的に学ぶという「キャリア開発行動」をすることにより成長感が高まるという可能性もあるだろう。また，堀内・岡田（2016）は，仕事上の転機経験がある社員は転機経験のない社員に比べ，キャリア自律行動のすべてが有意に高いことを示したが，育休を転機経験ととらえれば，本研究の結果は堀内・岡田（2016）の知見と整合する。

■ 4-3　育休がワーク・ファミリー・ファシリテーションに及ぼす影響

　育休がワーク・ファミリー・ファシリテーションに及ぼす影響については，「仕事→家庭促進」に対してのみ正の影響があることが明らかとなった。したがって，育休を取得することは，仕事への関与によって家庭におけるパフォーマンスや機能の知覚が高まる効果があると解釈できる。具体的には，仕事上の技術や経験が，家庭ですることや家庭における問題解決に役立つということを示しており，ここから，育休を取得した男性は，復職後も仕事と家庭の両立に取り組んでいることが示唆される。

　一方で，育休は「家庭→仕事促進」を促していなかった。したがって，育休を取得することは，家庭役割への関与によって仕事におけるパフォーマンスや機能が高まる効果があるわけではないと解釈できる。換言すれば，家庭で受ける愛情のおかげで仕事にも自信がもてたり，仕事に励もうという気持ちになったりすることは，育休の有無による差異はないということである。

■ 4-4　まとめと課題

　本研究の結果から，働く父親の育休が自身の「職業的自己イメージの明確さ」を促すことや，「職場環境変化への適応行動」「キャリア開発行動」「ネットワーク行動」「主体的仕事行動」といったキャリア自律行動につながることが明らかとなった。また，育休がワーク・ファミリー・ファシリテーションの「仕事→家庭促進」に正の影響を及ぼすことが示された。

　しかし，本研究では，育休を取得した背景などの個人的要因や現在の職場環境などの環境的要因を扱っていないことが課題である。今後はこれらの要因に加え，育休経験から何を学んだのか，育休をどのように意味づけたのかといった内面的な要因を含めた検討が望まれる。また，「主体的キャリア形成意欲」や「キャリアの自己責任自覚」といったキャリア自律の心理的側面には育休による影響がみられず，キャリア自律行動に対しては幅広く育休の影響が及んでいたが，その理由は解明されていない。今後は，この点について父親になったことによる影響なのか，育休を経験したことによる影響なのかを精緻にとらえるため，父親でない男性も調査対象者に含めた研究が求められる。

　なお，本章では働く父親における育休の影響を検討したが，男性の育休は周

囲からどのようにみられているだろうか。次章では，長期育休を取得する男性に対するイメージについて検討する。

第Ⅰ部

第Ⅱ部

第Ⅲ部

第3章

働く父親は長期育休を取得する男性に対してどのようなイメージを抱いているのか？（研究3）

本章では，働く父親が長期育休を取得する男性に対して抱くイメージを解明し，育休経験があるか否かによるイメージの違いを検討する。

1 目　的

　研究1では，男性が育休を取得する際，仕事と家庭の両立を目指す働き方に対して上司の理解が得られず葛藤を抱える場合もあることが示唆されている。また，長期の育休を取得することに関して，職場が好意的な反応を示す場合もあるが，否定的な場合もあることや，本人が育休が今後のキャリアに響くのではないかと不安になったり，職場に負担をかける申し訳なさを感じたりする場合もあることが示されている（研究1）。このように，男性が長期育休を取得することは非常に困難であり，たとえ育休を取得しやすい職場環境であったとしても一週間程度の取得にとどめることが推測される。そこで，本研究では，働く父親が長期育休を取得する男性に対してどのようなイメージを抱いているのか，育休経験の有無や自身が取得した育休期間による差異を探索的に検討することを目的とする。長期育休を取得する男性に対して抱くイメージをポジティブとネガティブの両面から明らかにすることにより，男性の育休取得を推進する企業が，男性の長期育休のイメージを理解したうえで策を打つことができるようになると考える。

■ 2-1　調査対象者および手続き

研究2と同じデータを用いた。回答者の属性を表3-1に示す。

■ 2-2　調査項目

1）男性の育休取得に対する態度

男性が育休を取得することに対して，どの程度好意的にとらえているのかを測定するために，次の質問を用意した。すなわち，「男性が育休を取得することについて，あなた自身，あなたの上司，あなたの職場は，どのくらい好意的ですか。それぞれについてもっともあてはまる選択肢を1つ選んでください。」という質問に対して，自身，上司，職場のそれぞれについて，1（好意的ではない），2（どちらかといえば好意的ではない），3（どちらかといえば好意的である），4（好意的である）の4件法で回答を求めた。なお，上司がいない場合や職場がない場合を考慮し，「該当しない」という選択肢も設けた。

2）長期育休を取得する男性に対する総合的なイメージの評価

長期育休を取得する男性に対する総合的なイメージの評価を測定するために，次の質問を用意した。すなわち，「1ヶ月以上の育休を取得する男性について，あなたはどのようなイメージをお持ちですか。もっともよくあてはまる選択肢を1つ選んでください。」という質問に対して，1（ネガティブ（否定的）である），2（どちらかといえばネガティブ（否定的）である），3（どちらかといえばポジティブ（肯定的）である），4（ポジティブ（肯定的）である）の4件法で回答を求めた。

表3-1　回答者の属性とその内訳

	育休経験なし 501名（76.7%）	5日未満 61名（9.3%）	5日～1ヶ月未満 42名（6.4%）	1ヶ月以上 49名（7.5%）
20代 27名（2.8%）	15名	5名	2名	5名
30代 295名（45.2%）	232名	27名	17名	19名
40代 331名（50.7%）	254名	29名	23名	25名

3）長期育休を取得する男性に対する具体的なイメージ

　長期育休を取得する男性に対する具体的なイメージについて自由記述を求めた。すなわち，「1ヶ月以上の育休を取得する男性に対するポジティブなイメージとネガティブなイメージを，それぞれ思いつくままにお書きください。なお，全くイメージが浮かばない場合は，「なし」とお書きください。」という質問を行った。なお，ポジティブなイメージとネガティブなイメージの記述欄をそれぞれ別に設けた。

■ 2-3　分析方法

　数量データについては，SPSS Statistics 26 を用いて統計解析を行った。また，自由記述のテキストデータについては，SPSS Text Analytics for Surveys 4.0 および SPSS Categories オプションを用い，以下の手順にて分析を行った。

　まず，1ヶ月以上の育休を取得する男性に対するポジティブなイメージとネガティブなイメージの自由記述について，テキストマイニングを行った。具体的には，事前にテキストデータを読み，明らかに入力ミスと考えられる記述を修正し，また「特になし」「ない」「思いつかない」といった回答は「なし」という記述に統一した。そして，Text Analytics for Surveys にインポートし，形態素解析によりキーワードを抽出した。この際，同じ単語を漢字や平仮名によって別々の単語としてカウントするよりも，単なる表記の揺れであるとみなしたほうが分析に役立つことから（内田ら，2012），同等の意味で用いられている語を類義語辞書に登録してまとめ，それを反映させて再度キーワードを抽出するという作業を繰り返した。続いて，品詞に基づいて関係性を把握する係り受け解析を実施し，言語学的手法に基づくカテゴリー化を行った。係り受け解析とは，同じ1文内に出現しているだけでなく，かつそこに「係る語」と「受ける語」の関係が成り立っているということであり，Text Analytics for Surveys では即カテゴリーとして使える表現，つまり少し意味のまとまった形で出力される仕様になっている（内田ら，2012）。また，カテゴリーを作る際に「言語学的手法に基づく」手法を採用すると，分析対象としたテキストデータの中での最適解が自動的に探し出され，カテゴリー分類の大枠が作成されることになる（内田ら，2012）。最終的に得られたカテゴリーデータは，2値データ

第Ⅰ部

第Ⅱ部

第Ⅲ部

としてエクスポートし，多重応答分析を実施した。

3　結　果

■ 3-1　記述統計量

1)　男性の育休取得に対する態度

本人，上司，職場それぞれの男性の育休取得に対する態度について，育休期間別に平均，標準偏差を算出し，一元配置分散分析および多重比較（Tukey の HSD 法）を試みた（表 3-2）。なお，「該当しない」という回答は分析から除外した。その結果，本人（$F_{(3,649)} = 5.46, p < .01$），上司（$F_{(3,617)} = 5.24, p < .01$），職場（$F_{(3,641)} = 7.66, p < .001$）のいずれも有意な差が見いだされ，「育休経験なし」群よりも「5 日〜1 ヶ月未満」群および「1 ヶ月以上」群のほうが高かった。

2)　長期育休を取得する男性に対する総合的なイメージの評価

1 ヶ月以上の長期育休を取得する男性に対する総合的なイメージの評価について，育休期間別に平均，標準偏差を算出し，一元配置分散分析および多重比較（Tukey の HSD 法）を試みた（表 3-2）。その結果，「育休経験なし」群および「5 日未満」群に比べ「5 日〜1 ヶ月未満」群および「1 ヶ月以上」群のほうが有意に高かった（$F_{(3,649)} = 9.77, p < .001$）。

■ 3-2　テキストマイニングおよび多重応答分析の結果

1)　テキストマイニングによるキーワード抽出およびカテゴリー生成

長期育休を取得する男性に対するイメージの自由記述に対して，テキストマイニングの手法を用いてキーワード抽出を行った。その結果，ポジティブなイメージからは 828 語，ネガティブなイメージからは 569 語のキーワードが得られた。ここから，質問文に含まれる単語（「イメージ」「男性」）および単独では明確な意味をもたない単語（「ある」「なる」「そういう」など）を除外し，出現数 10 回以上の頻出単語を表 3-3 に示した。なお，全くイメージが浮かばない場合の「なし」という単語は除外せずキーワードとして残した。次に，得られたキー

表 3-2　育休期間別の各質問項目の平均，SD および多重比較の結果

		全体			育休経験なし (a)			5日未満 (b)			5日〜1ヶ月未満 (c)			1ヶ月以上 (d)			一元配置分散分析	多重比較 (Tukey の HSD 法)
		度数	平均	SD	度数	平均	SD	度数	平均	SD	度数	平均	SD	度数	平均	SD		
男性の育休取得に対する態度	本人	653	2.83	0.89	501	2.76	0.89	61	2.87	0.90	42	3.14	0.68	49	3.18	0.88	**	a<c, d
	上司	621	2.58	0.92	473	2.50	0.92	58	2.71	0.79	41	2.93	1.01	49	2.88	0.93	**	a<c, d
	職場	645	2.54	0.93	494	2.46	0.92	60	2.58	0.93	42	2.98	0.95	49	2.94	0.83	***	a<c, d
長期育休を取得する男性に対する総合的なイメージの評価		653	2.70	0.92	501	2.64	0.92	61	2.49	0.92	42	3.14	0.75	49	3.18	0.86	***	a,b<c, d

** $p < .01$，*** $p < .001$

表 3-3　頻出キーワードおよび出現数

ポジティブなイメージ		ネガティブなイメージ	
キーワード	出現数	キーワード	出現数
なし	258	なし	322
家庭	63	仕事	136
育児	37	会社	17
家族	32	迷惑	17
大事	31	職場	16
イクメン	28	他の人	15
家庭的	26	負担	13
積極的	21	休む	11
大切	21	周り	10
仕事	20		
時代	19		
妻	18		
協力的	15		
子供	14		
子育て	10		
家事	10		

ワードについて係り受け解析を実施しカテゴリーを生成した。ここでは，言語学的手法に基づき類似概念をまとめ，意味をもたない不要なキーワードやカテゴリーを削除した。たとえば「助ける＋妻」「サポートする＋妻」「協力」は同じカテゴリーとしてまとめ，最終的にポジティブなイメージは 7 個，ネガティブなイメージは 6 個のカテゴリーが作成された（表 3-4）。各カテゴリーに含まれる記述子の意味内容を考慮し，ポジティブなイメージのカテゴリーはそれぞれ「家庭的」「育児参加」「家族思い」「協力・サポート」「現代的」「イクメン」「仕事と家庭の両立」と命名した。ネガティブなイメージについてはそれぞれ「無責任」「仕事への支障」「他者の負担増加」「キャリアへの悪影響」「職場への迷惑」「職場復帰の困難」と命名した。

表 3-4　カテゴリーおよび該当数

ポジティブなイメージ		ネガティブなイメージ	
カテゴリー	該当数	カテゴリー	該当数
家庭的	94	無責任	61
育児参加	74	仕事への支障	41
家族思い	48	他者の負担増加	29
協力・サポート	43	キャリアへの悪影響	24
現代的	30	職場への迷惑	21
イクメン	28	職場復帰の困難	18
仕事と家庭の両立	15		

2) 多重応答分析によるグルーピング

　まず，長期育休を取得する男性に対するポジティブなイメージのカテゴリー7個，ネガティブなイメージのカテゴリー6個の計13カテゴリーについて，該当するものを「2」，該当しないものを「1」として数値化した。そして，育休期間（「育休経験なし」「5日未満」「5日〜1ヶ月未満」「1ヶ月以上」）のデータとあわせて多重応答分析を行い，2次元解を求めた（図3-1）。なお図中では，イメージの該当なしのプロットについては記載を省略した。第1次元の固有値は1.41，α係数は.31，第2次元の固有値は1.36，α係数は.29であった。いずれもα係数の値が低いが，本研究は育休経験や育休期間によるイメージの差異に関する探索検討であることを鑑み，そのまま分析に用いることとした。

　図3-1より4つのグループが判別された。具体的には，右上の第1グループは，「育休経験なし」とポジティブなイメージである「イクメン」により構成された。左下の第2グループには，「5日未満」とポジティブなイメージの「育児参加」「協力・サポート」，ネガティブなイメージの「仕事への支障」「職場復帰の困難」がまとまった。左上の第3グループには，「5日〜1ヶ月未満」とポジティブなイメージの「家族思い」「家庭的」「仕事と家庭の両立」，ネガティブなイメージの「他者への負担増加」「無責任」が布置された。右下の第4グループは，「1ヶ月以上」とポジティブなイメージの「現代的」，ネガティブなイメージの「キャリアへの悪影響」「職場への迷惑」により構成される結果となった。

第I部

第II部

第III部

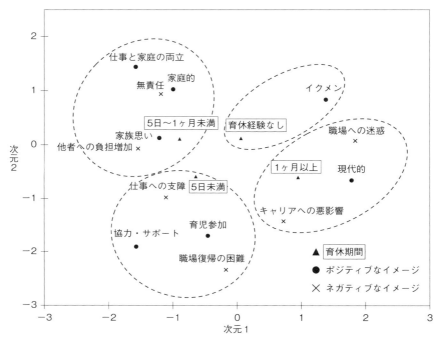

図 3-1　長期育休を取得する男性のイメージに関する多重応答分析の結果

4　考　　察

■ 4-1　育休期間別の項目得点の特徴

　まず，本人，上司，職場それぞれの男性の育休取得に対する態度について，育休期間別の特徴をみると，本人，上司，職場のいずれも「育休経験なし」群よりも「5日～1ヶ月未満」群および「1ヶ月以上」群のほうが有意に高かった。すなわち，育休経験のない男性に比べ5日以上の育休を取得したことのある男性は，自分自身も男性の育休取得を好意的にとらえており，かつ自分の上司や職場も男性の育休取得について好意的に受け止めていると感じていることがわかった。育休制度を取得しやすい雰囲気の職場であることが男性の育休取得につながりやすく（厚生労働省. 2014），そのような職場では，管理職自身がワークライフバランスに対する意識が高いことから（ワーク・ライフ・バランス推

進・研究プロジェクト, 2010)，5日以上の育休を経験したことのある男性は，育休を取得する際に上司や職場の理解を得られやすく復職後も同じ職場に勤務しているか，現在は育休取得時とは異なる職場だとしても，男性の育休に対して肯定的な上司や同僚とともに働いていることが推察される。

次に，長期育休を取得する男性に対する総合的なイメージの評価について，育休期間別の特徴をみると，「育休経験なし」群および「5日未満」群に比べ「5日～1ヶ月未満」群および「1ヶ月以上」群のほうが有意に高かった。すなわち，育休経験がない，あるいは5日未満というわずかな日数しか育休を経験していない男性に比べ，5日以上の育休を取得したことのある男性は，1ヶ月以上の長期育休を取得する男性について，ポジティブなイメージを抱いているということが示唆された。

■ 4-2　長期育休を取得する男性に対するイメージの特徴

本研究では，1ヶ月以上の長期育休を取得する男性に対するイメージについて，テキストマイニングの手法を用いて分析した。その結果，ポジティブなイメージについて抽出されたキーワードは，「家庭」がもっとも多く，続いて「育児」「家族」「大事」の順に多かった。一方，ネガティブなイメージについて抽出されたキーワードは，「仕事」が圧倒的に多く，続いて「会社」「迷惑」の出現数が多かった。

また，得られたキーワードに基づいて作成されたポジティブなイメージのカテゴリーは，「家庭的」「育児参加」「家族思い」「協力・サポート」「現代的」「イクメン」「仕事と家庭の両立」の順に該当レコード数が多かった。「家庭的」の該当数が94レコードであるのに対し「仕事と家庭の両立」は15レコードであることからも，長期育休を取得する男性は家庭を大切にしているというイメージが強いことが読み取れる。一方，ネガティブなイメージのカテゴリーは，「無責任」「仕事への支障」「他者の負担増加」「キャリアへの悪影響」「職場への迷惑」「職場復帰の困難」の順に該当レコード数が多かった。ここから，長期育休を取得する男性のネガティブなイメージは職場や仕事に限られており，周囲への影響と自分自身への影響の2側面があると解釈できる。

■ 4-3　育休経験や育休期間による長期育休を取得する男性に対するイメージの差異

　長期育休を取得する男性に対するイメージについて，育休経験や育休期間による差異を明らかにするため，多重応答分析を行った。その結果，以下のことが明らかとなった。

　第1に，育休経験のない男性は，長期育休を取得する男性に対して「イクメン」というポジティブなイメージを抱いていた。ただし，育児に積極的な男性を表すイクメンという言葉は浸透したものの，それが示す内容は曖昧である。したがって，育休を経験したことのない男性は，育休中の生活やその影響についてネガティブな側面を含めて具体的に想像しにくく，漠然としたイクメンという言葉に集約されたと考えられる。

　第2に，5日未満の育休を取得した経験のある男性は，「育児参加」「協力・サポート」というポジティブなイメージと「仕事への支障」「職場復帰の困難」というネガティブなイメージを抱いていた。自身が数日間の育休を取得した経験から，ポジティブな側面として妻に協力して育児参加するという内容をイメージしたと推察される。ただし，数日間の育休は通常の有給休暇を取得する場合と大差ないが，1ヶ月以上の育休は仕事の調整が必要になることから，仕事への影響を懸念していることがうかがえる。

　第3に，5日〜1ヶ月未満の育休を取得したことのある男性は，「家族思い」「家庭的」「仕事と家庭の両立」というポジティブなイメージと「他者への負担増加」「無責任」というネガティブなイメージを抱いていた。自身が5日〜1ヶ月未満の育休を取得した際にも，ある程度仕事の調整や周囲への影響が存在しただろう。その期間がさらに長いことを想定し，家庭を大事にするだけでなく仕事と家庭を両立しているとポジティブにとらえている一方で，長期間職場を離れることは他者への負担増加につながり，それを無責任だととらえていると解釈できる。組織に対する責任感は組織コミットメントの構成要素としてとらえられており（Meyer & Allen, 1991），家族に起因する休職は組織コミットメントが低いと判断されやすいことがわかっているが（Allen & Russell, 1999），5日〜1ヶ月未満の育休を取得したことのある男性が長期育休取得男性に対して抱くネガティブなイメージは，これと一致する。

　第4に，1ヶ月以上の育休を取得したことのある男性は，「現代的」という
ポジティブなイメージと「キャリアへの悪影響」「職場への迷惑」というネガ
ティブなイメージを抱いていた。自身も長期育休を取得した経験があることから，
その体験に基づいた現実的なイメージとなっている可能性が高い。とくにネガ
ティブな側面については，キャリアへの悪影響という自分自身に関する側面と
職場への迷惑という周囲に関する側面が含まれている。また，育休取得時の短
期的な仕事への影響ではなく，キャリアという将来展望に関わることに目が向
いているのが特徴である。これらは，長期育休を取得した男性が，今後のキャ
リアへの影響を不安視することや職場に負担をかける申し訳なさを感じること
を報告した研究1の知見と整合する。

　以上より，男性が長期育休を取得しやすくなるための企業が取るべき施策に
ついて，以下のことが示唆される。育休経験のない男性は長期育休に関して具
体的なイメージを持ちにくい一方で，育休経験のある男性は，その取得期間に
よりイメージに違いがあることから，企業はその点を踏まえた働きかけをする
ことが求められる。とくにネガティブなイメージに着目すると，5日未満の育
休取得経験者は「仕事への支障」「職場復帰の困難」といった自分の仕事に関連
する課題を懸念していることから，育休前にするべき仕事の調整や復職後の仕
事の仕方を具体的に伝えることで，その不安を払拭できるだろう。5日～1ヶ
月未満の育休取得経験者は「無責任」「他者への負担増加」など周囲への影響が
気がかりであることから，研究1で示された「職場に配慮した育休取得計画」
や「スムーズな業務引き継ぎ」といった職場への配慮の仕方や，長期育休を経
て復職した男性が効率的な働き方や信頼関係を大事にする働き方をするように
なるといったことを伝えることで，周囲の人に対してどのような形で貢献する
かということに目が向くようになると考えられる。このような働きかけをする
ことで，次に子どもが生まれた際には長期育休を取得しやすくなるだろう。一
方で，すでに1ヶ月以上の育休取得経験がある者は，「職場への迷惑」「キャリ
アへの悪影響」というネガティブなイメージを抱いており，周囲に対しても自
分に対しても長期的な影響があると認識していることから，企業は本人のキャ
リアに関して決して不利益な扱いをしないとともに，職場づくりを工夫するこ
とが不可欠である。職場において業務を代替しあえる連携体制を構築すること

第Ⅰ部

第Ⅱ部

第Ⅲ部

や日頃からノウハウを共有しあうことの重要性が指摘されているが（ワーク・ライフ・バランス推進・研究プロジェクト，2010），長期育休を取得する男性の職場がこのような環境であれば，取得者自身が長期育休のネガティブな面よりもポジティブな面を認識しやすく，それを社内で発信することにより長期育休を取得する男性が徐々に増えることが期待できるだろう。

■ 4-4　まとめと課題

　本研究では，働く父親が長期育休を取得する男性に対してどのようなイメージを抱いているのか，育休経験の有無や自身が取得した育休期間による差異を探索的に検討した。その結果，育休経験がない，あるいは数日しか育休を取得したことのない男性に比べ，5日以上の育休経験がある男性のほうが，長期育休を取得する男性に対してポジティブなイメージを抱いていることが明らかとなった。また，育休経験のない男性の場合，長期育休を取得する男性に対するイメージは漠然としているが，育休経験のある男性は，長期育休を取得する男性に対してポジティブとネガティブの両面について具体的なイメージを描いていることが示唆された。なかでも自身が長期育休を経験している場合は，職場に対する影響に加え，自身のキャリアに関する長期的な影響もネガティブな側面としてとらえていることが示唆された。

　しかし，育休を取得した経験のある男性は数少なく，長期育休の場合はなおさらである。自分の周囲に長期育休を取得した男性が存在しているか否かで抱くイメージが異なる可能性もある。また，本人の育休経験だけでなく，育休を取得あるいは取得しなかった理由や，職場環境もイメージに影響を及ぼすだろう。今後は，これらの要因を含めた幅広い検討が求められる。

　第Ⅰ部では，長期育休を取得した男性の内的変容（第1章），男性の育休がキャリア自律やワークライフバランスに及ぼす影響（第2章），長期育休を取得する男性に対するイメージについて（第3章），働く父親を対象とした実証的検討を行った。続く第Ⅱ部では，働く母親を対象として同様の検討を行う。

第Ⅱ部

働く母親を対象とした実証的検討

第Ⅱ部は2つの章により構成される。第4章では，第2章の研究をさらに進め，夫の育休と妻のキャリア自律およびワーク・ファミリー・ファシリテーションとの関連について検討する。第5章では，働く母親が長期育休を取得する男性に対して抱くイメージをテキストマイニングにより解明する。

第4章

夫の育休は働く妻のキャリア自律やワークライフバランスと関連しているのか？（研究4）

第2章において，男性の育休がキャリア自律やワーク・ファミリー・ファシリテーションにどのように関連しているのかが示された。本章では，働く母親を対象とし，夫の育休と妻のキャリア自律およびワーク・ファミリー・ファシリテーションとの関連について検討する。

1　目　　的

　研究2では，働く父親の育休が自身のキャリア自律や仕事から家庭方向へのワーク・ファミリー・ファシリテーションにつながることが明らかとなった。しかし，夫の育休取得と妻のキャリアとの関連を検討した研究は管見の限り見当たらない。そこで，本研究では，夫の育休取得の有無と取得期間による妻のキャリア自律およびワーク・ファミリー・ファシリテーションの差異，また夫の育休取得の有無と妻のキャリア自律およびワーク・ファミリー・ファシリテーションとの相関関係を明らかにすることを目的とする。

2　方　　法

■ 2-1　調査対象者および手続き

　インターネット調査会社マクロミルに委託し，同社モニターを対象にインターネットを用いたアンケート調査を実施した。子どもが小学生の高学年になると子育ての負担がやや軽くなることを踏まえ，10歳未満の子と正規雇用の夫

をもつ既婚の20代〜40代の正規雇用の女性という条件を設けた。また、夫の育休期間による比較を行うため、長期育休を経験した夫をもつ者のサンプルが必要であったが、1ヶ月以上の育休を取得したことのある男性はごく少数であり、対象となるモニターの出現は厳しいことが予想された。そこで、現実的な出現率を踏まえたうえで1ヶ月以上の育休を経験した夫をもつ者を約50名、1ヶ月未満の育休を経験した夫をもつ者を約100名、育休未経験の夫をもつ者を約500名という割付目標を設け、できる範囲で回収することとし、合計635の有効サンプルを確保した。本調査の実施期間は、2019年12月20日〜2019年12月24日であった。

■ 2-2 調査項目

調査項目は以下の通りであり、「仕事や家庭に関するアンケート」という名称で行った。

1）キャリア自律心理

堀内・岡田（2016）のキャリア自律心理尺度12項目を用いた。本尺度は、「職業的イメージの明確さ」（「自分の能力を発揮できる仕事上の得意分野が見つかっている」「自分はどんな仕事をやりたいのか明らかである」など4項目）、「主体的キャリア形成意欲」（「これからのキャリアを、より充実したものにしたいと強く思う」「キャリア設計（職業生活の設計）は、自分にとって重要な課題である」など4項目）、「キャリアの自己責任自覚」（「納得いくキャリアを歩めるかどうかは、自分の責任だと思う」「キャリア形成は、自分自身の責任である」など4項目）の3因子により構成されている。教示文は「キャリアや仕事についてあなたが日頃どのように思われているかお伺いします。以下の各文を読んで、あなた自身にどれくらいあてはまるかを選択肢から1つ選んでください。」というものであった。回答方法は、1（あてはまらない）、2（あまりあてはまらない）、3（どちらともいえない）、4（ややあてはまる）、5（あてはまる）の5件法であった。

2）キャリア自律行動

堀内・岡田（2016）のキャリア自律行動尺度15項目を用いた。本尺度は、

「職場環境変化への適応行動」（「新しい環境や状況にも，わりあい早くなじんで対応している」「職場環境がどう変わっても動揺しないで対応している」など4項目），「キャリア開発行動」（「自分の職種，業界分野における最新動向を常に情報収集している」「社会・経済の動きや成り行きに関する情報を，積極的に収集している」など4項目），「ネットワーク行動」（「新しい人間関係が構築できるように，社内外の活動に積極的に参加している」「仕事と直接関係ない人とも積極的に交流するようにしている」など3項目），「主体的仕事行動」（「自分の満足感を高めるように，仕事のやり方を工夫している」「常に自発的に仕事を行っている」など4項目）の4因子により構成されている。教示文は「あなたのキャリアや仕事上の行動についてお伺いします。以下の各文を読んで，あなた自身にどれくらいあてはまるかを選択肢から1つ選んでください。」というものであった。回答方法は，1（あてはまらない），2（あまりあてはまらない），3（どちらともいえない），4（ややあてはまる），5（あてはまる）の5件法であった。

3）ワーク・ファミリー・ファシリテーション

　富田ら（2019）のワーク・ファミリー・バランス尺度よりワーク・ファミリー・ファシリテーションに該当する2因子6項目を用いた。具体的には，「仕事→家庭促進」（「仕事での経験が，家庭での問題解決に役に立つ」「仕事をしているおかげで，家族にとっても魅力的な存在になれる」など3項目），「家庭→仕事促進」（「家庭で受ける愛情や尊敬のおかげで，仕事の時にも自信がもてる」「家庭生活によってリラックスでき，翌日も仕事に励もうという気持ちになる」など3項目）である。教示文は「あなたの普段の生活についてお伺いします。以下の各文を読んで，もっともよくあてはまる選択肢を1つ選んでください。なお，家事には，介護，育児も含みます。家庭・家族は，同居・別居を問いません。」というものであった。回答方法は，1（全く違う），2（どちらかといえば違う），3（どちらともいえない），4（どちらかといえばその通り），5（全くその通り）の5件法であった。

4）夫の育休取得の有無および期間

　まず，夫の育休取得の有無を確認するため次の質問を用意した。すなわち，「あなたの夫（内縁関係を含みます）は，育休（配偶者出産休暇など育休に相当する有

第Ⅰ部

第Ⅱ部

第Ⅲ部

給休暇も含みます）を取得したことがありますか。」という質問に対して，1（取得したことはない），2（現在取得中である），3（過去に取得したことがある（現在取得中ではない）の選択肢で回答を求め，夫が育児や家事を全面的に担っていることの影響を排除するため，現在取得中の者を対象外とした。そして，過去に取得したことがある者に対して，育休期間を確認するため次の質問を用意した。すなわち，「あなたの夫（内縁関係を含みます）が取得した育休（配偶者出産休暇など育休に相当する有給休暇も含みます）はどのくらいの期間でしたか。複数回取得されている場合は，最も長い期間取得したお子さんについてお答えください。」という質問に対して，1（5日未満），2（5日〜2週間未満），3（2週間〜1ヶ月未満），4（1ヶ月〜3ヶ月未満），5（3ヶ月〜6ヶ月未満），6（6ヶ月以上）という選択肢で回答を求めた。

5）フェイスシート

上記質問のほかに，学歴，末子（一人っ子を含む）の年齢等について回答を求めた。

3 結　果

■ 3-1　回答者の属性

回答者の属性を表 4-1 に示す。年齢は，25 歳未満 4 名，25-29 歳 57 名，30-34 歳 167 名，35-39 歳 191 名，40-44 歳 175 名，45-49 歳 41 名で，平均年齢は 36.7 歳（$SD = 5.32$）であった。学歴は，中学卒 4 名，高校卒 90 名，専修学校（専門課程）卒 112 名，短大・高専卒 100 名，大学卒 310 名，大学院卒 17 名であった。勤務先は，国内系企業 479 名，外資系企業 19 名，その他各種法人・団体 84 名，政府・官公庁 30 名，その他 23 名であった。職種は，営業系 48 名，企画系 15 名，事務系 260 名，専門職系 161 名，販売・サービス系 47 名，IT 系 17 名，技術系 51 名，その他 36 名であった。末子（一人っ子を含む）の年齢は，0 歳 20 名，1 歳 112 名，2 歳 113 名，3 歳 94 名，4 歳 66 名，5 歳 63 名，6 歳 44 名，7 歳 45 名，8 歳 38 名，9 歳 40 名であった。育休を取得した夫の育休期間は，5 日未満 50 名，5 日〜2 週間未満 40 名，2 週間〜1 ヶ月未満 11 名，

表 4-1　回答者の属性とその内訳

	夫の育休取得期間		
	育休なし 484 名（76.2%）	1 ヶ月未満 101 名（15.9%）	1 ヶ月以上 50 名（7.9%）
20 代 61 名（9.6%）	44 名	12 名	5 名
30 代 358 名（56.4%）	274 名	60 名	24 名
40 代 216 名（34.0%）	166 名	29 名	21 名

1 ヶ月〜 3 ヶ月未満 14 名，3 ヶ月〜 6 ヶ月未満 11 名，6 ヶ月以上 25 名であった。

■ 3-2　尺度の信頼性

　各尺度の下位尺度について，クロンバックの信頼性係数 α を算出した結果，キャリア自律心理尺度については，「職業的自己イメージの明確さ」が .77，「主体的キャリア形成意欲」が .78，「キャリアの自己責任自覚」が .53 であり，「キャリアの自己責任自覚」がやや低いものの，おおむね満足できる水準であった。キャリア自律行動尺度については，「職場環境変化への適応行動」が .82，「キャリア開発行動」が .80，「ネットワーク行動」が .72，「主体的仕事行動」が .77 であり，満足できる信頼性が示された。ワーク・ファミリー・ファシリテーションについては，「仕事→家庭促進」が .68，「家庭→仕事促進」が .69 であり，おおむね満足できる水準であった。

■ 3-3　尺度得点の育休期間による比較

　まず，夫の育休取得期間により，調査対象者を「育休なし（484 名）」「1 ヶ月未満（101 名）」「1 ヶ月以上（50 名）」の 3 群に分けた。そして，各尺度の下位尺度に相当する項目の評定値を平均したものを下位尺度得点とし，群別に平均値，標準偏差を算出後，一元配置分散分析を行ったところ，いずれの尺度も有意な差は見いだされなかった（表 4-2）。

表 4-2　各尺度の平均および SD

		育休なし (n = 484)		1ヶ月未満 (n = 101)		1ヶ月以上 (n = 50)	
		平均	SD	平均	SD	平均	SD
キャリア自律心理	職業的自己イメージの明確さ	3.19	0.83	3.21	0.83	3.14	0.81
	主体的キャリア形成意欲	3.15	0.86	3.26	0.86	3.40	0.82
	キャリアの自己責任自覚	3.36	0.63	3.41	0.60	3.33	0.59
キャリア自律行動	職場環境変化への適応行動	3.28	0.81	3.30	0.83	3.19	0.77
	キャリア開発行動	3.03	0.85	3.16	0.82	3.21	0.81
	ネットワーク行動	2.82	0.87	2.89	0.89	2.97	0.93
	主体的仕事行動	3.41	0.74	3.38	0.81	3.36	0.76
ワーク・ファミリー・ファシリテーション	仕事→家庭促進	2.98	0.81	3.02	0.78	3.12	0.88
	家庭→仕事促進	3.17	0.86	3.19	0.89	3.29	0.82

■ 3-4　変数間相関

　夫の育休の有無をダミー変数に変換したうえで，各変数間の相関係数を求めた（表 4-3）。その結果，まず夫の育休は，キャリア自律心理の「主体的キャリア形成意欲」との間に有意な相関が示されたが，係数は .08 というわずかな値であった。

　次に，キャリア自律心理の「職業的自己イメージの明確さ」および「主体的キャリア形成意欲」は，キャリア自律行動のすべての変数との間に .34 から .59 の相関が認められた。また，「キャリアの自己責任自覚」は，キャリア自律行動の「主体的仕事行動」との間に .21 の相関がみられた。

　キャリア自律とワーク・ファミリー・ファシリテーションとの関連をみると，「仕事→家庭促進」は，キャリア自律心理の「キャリアの自己責任自覚」を除くすべての変数との間に .25 から .42 の相関が示され，「家庭→仕事促進」は，すべての変数との間に .21 から .40 の相関が確認された。

表 4-3　各変数間の相関係数

	1	2	3	4	5	6	7	8	9	10
1　夫の育休ダミー	—	.00	.08*	.01	−.01	.07	.05	−.03	.04	.03
2　職業的自己 イメージの明確さ		—	.47**	.25**	.47**	.50**	.35**	.59**	.37**	.37**
3　主体的キャリア 形成意欲			—	.23**	.34**	.56**	.40**	.49**	.25**	.23**
4　キャリアの自己 責任自覚				—	.15**	.09*	.07	.21**	.10**	.21**
5　職場環境変化への 適応行動					—	.55**	.51**	.65**	.31**	.31**
6　キャリア開発行動						—	.70**	.66**	.42**	.36**
7　ネットワーク行動							—	.52**	.39**	.27**
8　主体的仕事行動								—	.36**	.40**
9　仕事→家庭促進									—	.52**
10　家庭→仕事促進										—

$N = 635$
$^*p < .05$,　$^{**}p < .01$

4　考　察

　本研究では，夫の育休が妻のキャリア自律やワーク・ファミリー・ファシリテーションにどのように関連しているのかを検討したところ，以下のことが明らかとなった。

■ 4-1　夫の育休と妻のキャリア自律

　夫の育休取得期間による，妻のキャリア自律心理およびキャリア自律行動の違いを検討したところ，いずれも有意な差は示されなかった。また，夫の育休取得の有無と妻のキャリア自律心理およびキャリア自律行動との相関関係を検討したところ，夫の育休取得の有無と有意な相関が確認されたのは，キャリア自律心理の「主体的キャリア形成意欲」のみであったが，係数はわずかな値でありほとんど無相関であると解釈できる。

　男性を対象とした研究2において，自身の育休はキャリア自律心理の「職業的自己イメージの明確さ」を促すことが示されていたが，女性を対象とした本

73

研究では，夫の育休はキャリア自律心理の「職業的自己イメージの明確さ」と関連がないことが明らかとなった。職業的自己イメージが明確であるということは，キャリア形成上の自らの能力，興味・欲求，価値観などを認識しているということである。男性が育休を取得した場合は，育休中に自身のキャリアの再探索が行われ（研究1），自分は何が得意なのか，自分は何をやりたいのかという主観的な自己認識が促されることから，職業的自己イメージが明確になることが明らかになっているが（研究2），夫が育休を取得したからといって，妻の職業的自己イメージがより明確化されるわけではないと考えられる。

　一方，キャリア自律心理の「主体的キャリア形成意欲」「キャリアの自己責任自覚」は，男性を対象とした研究2においても育休との関連は示されず，育休を取得したか否かよりも，父親になったことによる影響のほうが大きい可能性がある（研究2）。育休を経て復職した女性を対象とした井上・濱口（2015）が示した，職業人として培った自己と母親役割を意識しながら，自分自身を形成していきたいという心理は，キャリア自律心理の「主体的キャリア形成意欲」に類似しており，女性の場合も母親になったことによる影響のほうが大きいと考えられる。

　妻のキャリア自律行動に目を向けると，本研究では夫の育休取得の有無との関連は確認されなかった。男性を対象とした研究2では，自身の育休取得はキャリア自律行動の「職場環境変化への適応行動」「キャリア開発行動」「ネットワーク行動」「主体的仕事行動」すべてを促進することが示されていた。仕事上の転機経験がある社員は転機経験のない社員に比べ，キャリア自律行動のすべてが有意に高いことが示されており（堀内・岡田，2016），育休を転機経験ととらえれば，この知見と整合する（研究2）。しかし，女性にとって出産や育児は大きな転機になるが，夫の育休自体が妻にとって大きなインパクトを与える可能性は低いと考えられる。

■ 4-2　夫の育休と妻のワーク・ファミリー・ファシリテーション

　夫の育休取得期間による妻のワーク・ファミリー・ファシリテーション（「仕事→家庭促進」「家庭→仕事促進」）の違いを検討したところ，いずれも有意な差は示されなかった。また，夫の育休取得の有無と妻のワーク・ファミリー・

ファシリテーション（「仕事→家庭促進」「家庭→仕事促進」）との間に有意な相関関係は認められなかった。すなわち，妻の仕事上の技術や経験が家庭における問題解決に役立つことや，家庭で受ける愛情のおかげで，妻が仕事にも自信がもてたり，仕事に励もうという気持ちになったりすることは，夫の育休取得の有無による差異はないと解釈できる。なお，男性を対象とした研究2では，男性の育休は自身の「仕事→家庭促進」につながっており，育休を取得した男性は，復職後も仕事と家庭の両立に取り組んでいることが示唆されていた。本研究において夫の育休取得の有無と妻のワーク・ファミリー・ファシリテーションとの相関関係が示されなかった背景には，女性は夫の育休取得の有無に関わらず，仕事と家庭の両立を求められる現状があると考えられる。

■ 4-3　まとめと課題

　本研究の結果から，夫の育休は妻のキャリア自律やワーク・ファミリー・ファシリテーションとは関連がないことが示された。しかし，夫の育休取得の有無と期間という側面しか扱っていないことが課題である。同じ育休取得者であっても，その経験は人によって大きく異なるだろうし，育休経験者のほうがより育児参加をしているとも限らない。また，妻がキャリア自律していることが夫の育休を後押しするかもしれないし，夫の育休をきっかけに妻のキャリア自律が促されるかもしれない。今後は，夫の育休取得に対して妻がどのように関わったのか，また，夫が育休を取得したことにより，家事・育児や夫婦関係がどのように変化し，それが妻のキャリアやワークライフバランスにどのように影響したのかを精緻に検討することが求められる。

　なお，本章では夫の育休と妻のキャリアとの関連について検討したが，働く母親は男性の育休をどのようにみているのだろうか。次章では，長期育休を取得する男性に対して抱くイメージについて検討する。

第5章

働く母親は長期育休を取得する男性に対してどのようなイメージを抱いているのか？（研究5）

第3章において，働く父親が長期育休を取得する男性に対して抱くイメージが明らかとなった。本章では，働く母親が長期育休を取得する男性に対して抱くイメージについて検討する。

1　目　的

　研究3では，働く父親が長期育休を取得する男性に対して抱くイメージを検討した。本研究では，働く母親を対象とし，長期育休を取得する男性に対してどのようなイメージを抱いているのか，また夫の育休取得の有無や夫が取得した育休期間によるイメージの差異があるのかを探索的に検討することを目的とする。

2　方　法

■ 2-1　調査対象者および手続き

研究4と同じデータを用いた。回答者の属性を表5-1に示す。

表5-1　回答者の属性とその内訳

	夫の育休取得期間			
	育休経験なし 484 名 (76.2%)	5 日未満 50 名 (7.9%)	5 日～1 ヶ月 未満 51 名 (8.0%)	1 ヶ月以上 50 名 (7.9%)
20 代 61 名 (9.6%)	44 名	8 名	4 名	5 名
30 代 358 名 (56.4%)	274 名	29 名	31 名	24 名
40 代 216 名 (34.0%)	166 名	13 名	16 名	21 名

■ 2-2　調査項目

1) 男性の育休取得に対する態度

　男性が育休を取得することに対して，どの程度好意的にとらえているのかを測定するために，次の質問を用意した。すなわち，「男性が育休を取得することについて，あなた自身，あなたの上司，あなたの職場は，どのくらい好意的ですか。それぞれについてもっともあてはまる選択肢を1つ選んでください。」という質問に対して，自身，上司，職場のそれぞれについて，1（好意的ではない），2（どちらかといえば好意的ではない），3（どちらかといえば好意的である），4（好意的である）の4件法で回答を求めた。なお，上司がいない場合や職場がない場合を考慮し，「該当しない」という選択肢も設けた。

2) 長期育休を取得する男性に対する総合的なイメージの評価

　長期育休を取得する男性に対する総合的なイメージの評価を測定するために，次の質問を用意した。すなわち，「1ヶ月以上の育休を取得する男性について，あなたはどのようなイメージをお持ちですか。もっともよくあてはまる選択肢を1つ選んでください。」という質問に対して，1（ネガティブ（否定的）である），2（どちらかといえばネガティブ（否定的）である），3（どちらかといえばポジティブ（肯定的）である），4（ポジティブ（肯定的）である）の4件法で回答を求めた。

3) 長期育休を取得する男性に対する具体的なイメージ

　長期育休を取得する男性に対する具体的なイメージについて自由記述を求めた。すなわち，「1ヶ月以上の育休を取得する男性に対するポジティブなイメ

ージとネガティブなイメージを，それぞれ思いつくままにお書きください。なお，全くイメージが浮かばない場合は，「なし」とお書きください。」という質問を行った。なお，ポジティブなイメージとネガティブなイメージの記述欄をそれぞれ別に設けた。

■ 2-3 分析方法

数量データについては，SPSS Statistics 26 を用いて統計解析を行った。また，自由記述のテキストデータについては，SPSS Text Analytics for Surveys 4.0 および SPSS Categories オプションを用い，以下の手順にて分析を行った。

まず，1ヶ月以上の育休を取得する男性に対するポジティブなイメージとネガティブなイメージの自由記述について，テキストマイニングを行った。具体的には，事前にテキストデータを読み，明らかに入力ミスと考えられる記述を修正し，また「特になし」「ない」「思いつかない」といった回答は「なし」という記述に統一した。そして，Text Analytics for Surveys にインポートし，形態素解析によりキーワードを抽出した。この際，同じ単語を漢字や平仮名によって別々の単語としてカウントするよりも，単なる表記の揺れであるとみなしたほうが分析に役立つことから（内田ら，2012），同等の意味で用いられている語を類義語辞書に登録してまとめ，それを反映させて再度キーワードを抽出するという作業を繰り返した。続いて，品詞に基づいて関係性を把握する係り受け解析を実施し，言語学的手法に基づくカテゴリー化を行った。係り受け解析とは，同じ1文内に出現しているだけでなく，かつそこに「係る語」と「受ける語」の関係が成り立っているということであり，Text Analytics for Surveys では即カテゴリーとして使える表現，つまり少し意味のまとまった形で出力される仕様になっている（内田ら，2012）。また，カテゴリーを作る際に「言語学的手法に基づく」手法を採用すると，分析対象としたテキストデータの中での最適解が自動的に探し出され，カテゴリー分類の大枠が作成されることになる（内田ら，2012）。最終的に得られたカテゴリーデータは，2値データとしてエクスポートし，多重応答分析を実施した。

第Ⅰ部

第Ⅱ部

第Ⅲ部

■ 3-1　記述統計量

1) 男性の育休取得に対する態度

　本人，上司，職場それぞれの男性の育休取得に対する態度について，夫の育休期間別に平均，標準偏差を算出し，一元配置分散分析および多重比較（Tukey の HSD 法）を試みた（表5-2）。なお，「該当しない」という回答は分析から除外した。その結果，上司において有意な差が示され（$F(3, 599) = 6.82$, $p < .001$），「育休経験なし」群よりも「5日未満」群および「5日〜1ヶ月未満」群のほうが高かった。また，職場においても有意な差がみられ（$F(3, 618) = 3.54$, $p < .05$），「育休経験なし」群よりも「5日〜1ヶ月未満」群のほうが高かった。なお，本人においては，夫の育休期間による有意な差は確認されなかった。

2) 長期育休を取得する男性に対する総合的なイメージの評価

　1ヶ月以上の長期育休を取得する男性に対する総合的なイメージの評価について，夫の育休期間別に平均，標準偏差を算出し，一元配置分散分析および多重比較（Tukey の HSD 法）を試みた（表5-2）。その結果，夫の育休期間による有意な差は見いだされなかった。

表5-2　夫の育休期間別の各質問項目の平均，SD および多重比較の結果

| | | 全体 | | 育休経験なし (a) | | | 5日未満 (b) | | | 5日〜1ヶ月未満 (c) | | | 1ヶ月以上 (d) | | | 一元配置分散分析 | 多重比較（Tukey の HSD 法） |
		度数	平均	SD	度数	平均	SD	度数	平均	SD	度数	平均	SD	度数	平均	SD		
男性の育休取得に対する態度	本人	635	3.06	0.85	484	3.02	0.85	50	3.20	0.88	51	3.24	0.84	50	3.12	0.90		
	上司	603	2.66	0.95	461	2.57	0.93	46	3.00	0.97	49	3.04	0.89	47	2.85	1.00	***	a < b, c
	職場	622	2.63	0.95	478	2.57	0.95	49	2.82	0.91	49	2.98	0.90	46	2.70	0.99	*	a < c
長期育休を取得する男性に対する総合的なイメージの評価		635	3.00	0.80	484	2.97	0.77	50	3.02	0.91	51	3.12	0.71	50	3.12	1.02		

$^*p < .05$, $^{***}p < .001$

■ 3-2　テキストマイニングおよび多重応答分析の結果

1）テキストマイニングによるキーワード抽出およびカテゴリー生成

　長期育休を取得する男性に対するイメージの自由記述に対して，テキストマイニングの手法を用いてキーワード抽出を行った。その結果，ポジティブなイメージからは612語，ネガティブなイメージからは607語のキーワードが得られた。ここから，質問文に含まれる単語（「イメージ」「男性」「育休」）および単独では明確な意味をもたない単語（「ある」「なる」「そういう」など）を除外し，出現数10回以上の頻出単語を表5-3に示した。なお，全くイメージが浮かばない場合の「なし」という単語は除外せずキーワードとして残した。次に，得られ

表5-3　頻出キーワードおよび出現数

ポジティブなイメージ		ネガティブなイメージ	
キーワード	出現数	キーワード	出現数
なし	137	なし	257
育児	109	仕事	102
家庭	59	休む	25
積極的	44	いる	20
子育て	43	育児	19
参加	31	減る	18
家庭的	26	結局	12
大事	26	出世	12
イクメン	25	職場	10
協力的	24	穴	10
家族	24	給料	10
子供	21		
大変さ	20		
奥さん	18		
妻	16		
仕事	15		
関わる	14		
大切	13		
時代	12		
育児参加	10		

表 5-4　カテゴリーおよびレコード数

ポジティブなイメージ		ネガティブなイメージ	
カテゴリー	レコード数	カテゴリー	レコード数
育児参加	192	形式的な休暇	70
家族思い	134	無責任	54
協力・サポート	59	収入の減少	43
家庭的	28	キャリアへの悪影響	38
現代的	26	仕事への支障	37
イクメン	25	職場への迷惑	28
育児の大変さ理解	24	他者の負担増加	20
仕事と家庭の両立	17	職場復帰の困難	19

たキーワードについて係り受け解析を実施しカテゴリーを生成した。ここでは，言語学的手法に基づき類似概念をまとめ，意味をもたない不要なキーワードやカテゴリーを削除した。たとえば「助ける＋妻」「サポートする＋妻」「協力」は同じカテゴリーとしてまとめ，最終的にポジティブなイメージとネガティブなイメージについて，それぞれ 8 個のカテゴリーが作成された（表 5-4）。各カテゴリーに含まれる記述子の意味内容を考慮し，ポジティブなイメージのカテゴリーはそれぞれ「育児参加」「家族思い」「協力・サポート」「家庭的」「現代的」「イクメン」「育児の大変さ理解」「仕事と家庭の両立」と命名した。ネガティブなイメージについてはそれぞれ「形式的な休暇」「無責任」「収入の減少」「キャリアへの悪影響」「仕事への支障」「職場への迷惑」「他者の負担増加」「職場復帰の困難」と命名した。

2）重応答分析によるグルーピング

　まず，長期育休を取得する男性に対するポジティブなイメージのカテゴリー 8 個，ネガティブなイメージのカテゴリー 8 個の計 16 カテゴリーについて，該当するものを「2」，該当しないものを「1」として数値化した。そして，夫の育休期間（「育休経験なし」「5 日未満」「5 日〜1 ヶ月未満」「1 ヶ月以上」）のデータとあわせて多重応答分析を行い，2 次元解を求めた（図 5-1）。なお図中では，イメージの該当なしのプロットについては記載を省略した。第 1 次元の固有値

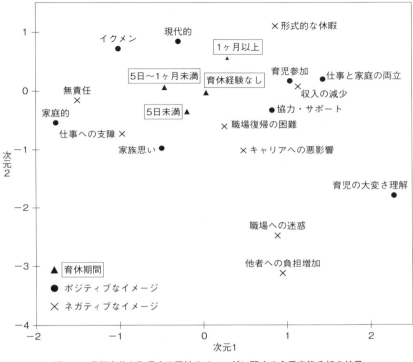

図5-1　長期育休を取得する男性のイメージに関する多重応答分析の結果

は1.72，α係数は.45，第2次元の固有値は1.39，α係数は.30であった。いずれもα係数の値が低く，図5-1より夫の育休期間によるグループは判別されなかった。

4　考　察

■ 4-1　夫の育休期間別の項目得点の特徴

　まず，本人，上司，職場それぞれの男性の育休取得に対する態度について，夫の育休期間別の特徴をみると，上司において「育休経験なし」群よりも「5日未満」群および「5日～1ヶ月未満」群のほうが有意に高く，職場において「育休経験なし」群よりも「5日～1ヶ月未満」群のほうが有意に高かった。す

なわち，育休経験のない夫をもつ女性に比べ，夫が1ヶ月未満の育休を取得したことのある女性のほうが，自分の上司は男性の育休取得について好意的に受け止めていると感じており，育休経験のない夫をもつ女性に比べ，夫が5日～1ヶ月未満の育休を取得したことのある女性のほうが，自分の職場は男性の育休取得について好意的に受け止めていると感じていることがわかった。

　男性の育休取得に対する自分自身の態度については，夫の育休取得の有無や育休期間による差は確認されなかった。それにもかかわらず，夫が1ヶ月未満の育休を取得したことのある女性に比べ，育休経験のない夫をもつ女性は，自分の上司や職場は男性の育休について好意的ではないと受け取る傾向にあることが示された。男性の育休取得が進まない理由のひとつとして，自分より他者のほうが男性の育休に対して否定的だと推測する多元的無知が挙げられているが（Miyajima & Yamaguchi, 2017），育休経験のない夫をもつ女性の回答の背景には，この多元的無知が存在していると解釈できる。一方，育休経験のある夫をもつ女性は，夫の育休取得を自分の上司や職場に報告していることが想定され，その際に比較的ポジティブな反応が得られたのだろう。

　次に，長期育休を取得する男性に対する総合的なイメージの評価について，夫の育休期間別の特徴をみると，夫の育休期間による有意な差は確認されなかった。すなわち，育休経験のない夫をもつ女性であっても，夫が数日間の育休を取得した女性であっても，夫が長期の育休を取得した女性であっても，長期育休を取得する男性に対するイメージの肯定度合いは一様であることが示唆された。

■ 4-2　長期育休を取得する男性に対するイメージの特徴

　本研究では，1ヶ月以上の長期育休を取得する男性に対するイメージについて，テキストマイニングの手法を用いて分析した。その結果，ポジティブなイメージについて抽出されたキーワードは，「育児」がもっとも多く，続いて「家庭」「積極的」「子育て」の順に多かった。一方，ネガティブなイメージについて抽出されたキーワードは，「仕事」が圧倒的に多く，続いて「休む」の出現数が多かった。なお，働く父親を対象とした研究3においても，長期育休を取得する男性に対するポジティブなイメージのキーワードは「家庭」「育児」の順に

多く，ネガティブなイメージのキーワードは「仕事」がもっとも多かったことから，働く母親も働く父親もイメージするキーワードは共通していることがわかった。

　また，得られたキーワードに基づいて作成されたポジティブなイメージのカテゴリーは，「育児参加」「家族思い」「協力・サポート」「家庭的」「現代的」「イクメン」「育児の大変さ理解」「仕事と家庭の両立」の順に該当レコード数が多かった。働く父親を対象とした研究3においても「育児の大変さ理解」以外のカテゴリーは示されており，該当レコード数は「家庭的」「育児参加」「家族思い」の順に多かった。ここから，働く母親も働く父親も，長期育休を取得する男性について，育児に参加し家族を大切にしているというイメージを強く抱いていることが読み取れる。一方，ネガティブなイメージのカテゴリーは，「形式的な休暇」「無責任」「収入の減少」「キャリアへの悪影響」「仕事への支障」「職場への迷惑」「他者の負担増加」「職場復帰の困難」の順に該当レコード数が多かった。働く父親を対象とした研究3では，「形式的な休暇」と「収入の減少」以外のカテゴリーは示されていたが，本研究においては「形式的な休暇」の該当レコード数がもっとも多かったのが特徴的である。育休中の男性の約3人に1人は1日あたりの家事・育児時間が2時間以下であり（日本財団・コネヒト株式会社, 2019)，働く母親からみれば，男性の長期育休は中身のない形だけのものに映る可能性があると解釈できる。

■ 4-3　まとめと課題

　本研究では，働く母親が長期育休を取得する男性に対してどのようなイメージを抱いているのかを検討した。働く父親を対象とした先行研究では示されなかった新たなイメージが見いだされた一方で，夫の育休経験の有無や夫の育休期間によるイメージの差異は確認されなかった。現状では長期育休を取得した夫をもつ女性は数少なく，自分の周囲に長期育休を取得した男性が存在しているか否かで抱くイメージが異なる可能性もある。また，職場環境や自分の立場によっても，男性の長期育休に対する見方は異なるだろう。今後は独身女性や子どものいない既婚女性も調査対象に加え，また個人的要因だけでなく環境的要因も含めて幅広く検討することが望まれる。

第Ⅰ部では働く父親を対象に，第Ⅱ部では働く母親を対象に実証的検討を行い，働く父母の心理を明らかにした。これらを踏まえ，企業は男性の育休にどのように向き合うべきなのだろうか。続く第Ⅲ部では，男性の育休を推進している企業を対象とした実証的検討を行う。

第 III 部

企業を対象とした実証的検討

第 III 部は 2 つの章により構成される。第 6 章では，インタビュー調査により企業における男性の育休取得推進プロセスについて検討し，第 7 章では，第 6 章の知見に基づき，企業における男性の育休取得推進策とその成果について検証する。

第6章

企業は男性の育休取得をどのように
推進しているのか？（研究6）

本章では，企業における男性の育休取得推進プロセスについて検討する。

1 目 的

　序章で紹介した組織変革を推進するプロセスや経営理念の浸透プロセスは，組織成員全員に関わるものであるが，男性の育休は対象となるのが一部の組織成員である。また，政府が男性の育休取得率を目標に掲げているという背景もあり，これらの点が男性の育休に特有であると考えられるが，男性の育休取得推進に取り組む企業はどのようなプロセスで施策を進め，それによりどのような成果がもたらされ，どのような課題が生じるのかについては明確にされていない。育休を経験した男性が認識する個人的な成果や課題が明らかになっても，企業における男性の育休取得がおのずと改善されるわけではないことが想定され，企業として男性の育休取得を推進するにあたり，どのような施策をどのような定着メカニズムで浸透させ，そして成果や課題をどのように認識しているのかを明らかにする必要があるだろう。そこで，本研究では，男性の育休取得を推進している企業の取り組みやその結果について，探索的に検討することを目的とする。企業における男性の育休取得推進プロセスについて，個別の事例ではなくモデルとして提示することにより，男性の育休取得推進に着手し始めた企業や，これから検討する企業に対して有益な示唆を与えることができると考える。したがって，本研究におけるリサーチクエスチョンは，以下の4点である。

〈1〉 企業が男性の育休取得を推進するようになった背景は何か

〈2〉 男性の育休取得を推進するために企業はどのような取り組みをしてきたのか

〈3〉 育休を取得した男性に対して企業はどのような支援をしてきたのか

〈4〉 企業が男性の育休取得を推進した結果どのようなことが生じたのか

2　方　　　法

■ 2-1　調査対象企業

　男性の育休取得を推進し，1ヶ月以上の育休を取得した男性が所属している民間企業 12 社を調査対象とした。調査対象企業の属性を表 6-1 に示す。調査対象企業は，著者の知人に依頼するとともに，知人からの紹介を介して募った。

表 6-1　対象企業一覧

企業名	業種	従業員規模	イクメン企業アワード受賞	くるみん認定
A社	通信	10,000 名以上	あり	プラチナくるみん
B社	保険	1,000 名以上 10,000 名未満	あり	プラチナくるみん
C社	小売	1,000 名以上 10,000 名未満	あり	プラチナくるみん
D社	住宅	10,000 名以上	あり	くるみん
E社	IT	1,000 名以上 10,000 名未満	あり	くるみん
F社	食品	1,000 名未満	あり	くるみん
G社	部品	1,000 名未満	あり	くるみん
H社	鉄道	10,000 名以上	なし	くるみん
I社	機械	10,000 名以上	なし	くるみん
J社	電力	10,000 名以上	なし	くるみん
K社	広告	1,000 名以上 10,000 名未満	なし	くるみん
L社	研修	1,000 名未満	なし	なし

注）F社およびK社は数日間の育休を義務化している。

■ 2-2　調査方法

　調査対象企業の人事やダイバーシティの担当者を対象とした半構造化面接による聞き取り調査を行った。面接は調査対象企業にて実施した。また，承諾を得たうえでインタビュー内容を IC レコーダーに録音し，インタビュー終了後に逐語録を作成した。

■ 2-3　インタビュー内容

　面接では，①男性の育休取得を推進するようになったきっかけや背景，②男性の育休取得を推進するためにどのような取り組みをしてきたのか，③育休を取得した男性に対してどのような支援をしてきたのか，④男性の育休取得を推進した結果，どのような成果が得られ，どのような課題が生じたのか，時系列にそって語るよう依頼した。

■ 2-4　調査期間

　調査は 2018 年 9 月から 2018 年 12 月にかけて行われた。1 社あたりのインタビュー時間は 30 分〜1 時間 22 分であり，平均 49 分であった。

■ 2-5　分析方法

　調質的研究法の一つである M-GTA により分析を行った。分析テーマは「企業における男性の育休取得推進プロセス」と設定した。分析は，木下（2003）の方法に従い，まず分析テーマに関連する箇所を一つの具体例（ヴァリエーション）とし，かつ他の類似具体例をも説明できると考えられる説明概念を生成した。ついで，データ分析を進めるなかで新たな概念を生成し，同時並行で，他の具体例をデータから探していった。生成した概念の完成度は類似例の確認だけでなく，対極例についての比較の観点からデータをみていくことにより，解釈が恣意的に偏らないよう配慮した。さらに，生成した概念と他の概念との関係を個々の概念ごとに検討し，複数の概念の関係からなるカテゴリーを生成したうえで分析結果をまとめた。

　本研究における理論的サンプリングは，育休のタイプを考慮して対象企業を 3 つに分けて進められた。具体的には，イクメン企業アワード[1]を受賞したこ

第Ⅰ部

第Ⅱ部

第Ⅲ部

とがあり，プラチナくるみん認定[2]を受けている3社（A～C社），イクメン企業アワードを受賞したことがあり，くるみん認定を受けている4社（D～G社），イクメン企業アワードを受賞していない5社（H～L社）である。

　以上の概念生成プロセスにおいては，分析の客観性を保持するため，M-GTAの心得のある研究者のスーパービジョンを受け，M-GTAの経験をもつ研究者2名のメンバーチェックを受けながら進められた。

3　結果と考察

　分析の結果，H社以降の分析において新たな概念は生成されず，理論的飽和に達したと判断された。最終的に26カテゴリー，59概念が生成された。カテゴリー間の関係について検討し，図6-1に示す結果図を作成した。以下では，結果図に基づくストーリーラインを述べ，その後，背景，具体策，結果のそれぞれについて各カテゴリーと概念の説明を行う。なお，文中では，カテゴリーグループ，カテゴリー，概念の名称は順に ￤ ￤，【 】，「 」で表示する。

■ 3-1　ストーリーライン

　企業が男性の育休取得を推進する背景には【経営戦略としてのワークライフバランス】があり，それにより【プライベートを大切にする施策】【育児関連制度の充実】【働き方改革】を進めている。このうち【育児関連制度の充実】は，【強制力の行使】や【経済的な補助】といった男性の育休取得を推進するための ￤促進ルール策定￤ につながっており，【強制力の行使】は【該当者への直接的な推奨】を促す。男性育休取得推進の ￤風土醸成￤ には，【経営幹部の肯定的態度】【管理職への啓蒙】【男性の育児参加を推奨】【わかりやすい情報発信】【事

1）男性の育児と仕事の両立を推進する企業を表彰するもので，厚生労働省が男性の育休取得を促進するイクメンプロジェクトの一環として2013年より毎年行っている。
2）次世代育成支援対策推進法に基づき一定の基準を満たした企業は，子育てサポート企業として厚生労働大臣の認定（くるみん認定）を受けることができる。2015年より，仕事と家庭の両立支援に高い水準で取り組んでいる企業を評価するプラチナくるみん認定が始まった。

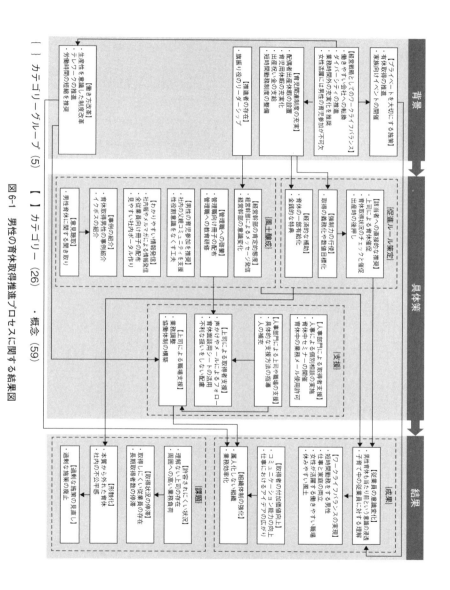

第6章　企業は男性の育休取得をどのように推進しているのか？（研究6）

図6-1　男性の育休取得推進プロセスに関する結果図

第Ⅰ部

第Ⅱ部

第Ⅲ部

93

例の紹介】【意見聴取】があり，【経営幹部の肯定的態度】の背景として【推進者の存在】は大きい。また，【事例の紹介】は【意見聴取】を前提とした充実した内容となっている。育休取得者やその職場への ｜支援｜ には人事部門によるものと上司によるものがある。前者として【人事部門による取得者支援】と【人事部門による上司や職場の支援】が挙げられ，【人事部門による上司や職場の支援】は【上司による取得者支援】と【上司による職場支援】を促進する。なお，【上司による取得者支援】は【管理職への啓蒙】によっても促される。また，【働き方改革】が進んでいれば【上司による職場支援】が行われやすい。

　男性の育休取得を推進した結果，｜成果｜ として【従業員の意識変化】が生まれ【ワークライフバランスの実現】をもたらす。【従業員の意識変化】は，｜促進ルール策定｜ の【該当者への直接的な推奨】や ｜風土醸成｜ により促されるが，背景として【プライベートを大切にする施策】を行っていたことも促進要因となっている。また，｜成果｜ として【取得者の付加価値向上】も挙げられ，これにより【組織体制の強化】が促される。なお，【組織体制の強化】は【上司による職場支援】や【働き方改革】によっても促進される。一方で ｜課題｜ も示されている。男性の育休について【許容されにくい状況】が一部に存在し，その結果【取得状況の停滞】が起こる。また，｜促進ルール策定｜ を進めた結果，男性の育休が【形骸化】し，【過剰な施策の見直し】を迫られる場合もある。

■ 3-2　側面ごとの結果と考察①：背景

　以下では，背景，具体策，結果のそれぞれについて結果と考察を述べる。

　背景として5カテゴリーが生成された（表6-2）。【経営戦略としてのワークライフバランス】には「働きやすい会社への転換」「ダイバーシティの推進」「業務時間外の充実化を推奨」「女性活躍には男性の育児参加が不可欠」が含まれる。「働きやすい会社への転換」は，女性も含めて従業員が長く働ける会社，従業員にとって働きがいのある会社を目指すことである。「ダイバーシティの推進」は，障害者やLGBTの従業員と共に働くことや多様性の尊重を会社として推し進めることである。「業務時間外の充実化の推奨」は，家族との時間やボランティア活動など，従業員が仕事以外にも充実した時間を過ごせるよう会社として勧め支援することである。「女性活躍には男性の育児参加が不可欠」は，

表6-2　背景のカテゴリー，概念およびヴァリエーションの例

カテゴリー	概念	ヴァリエーションの例
経営戦略としてのワークライフバランス	働きやすい会社への転換	従業員にとって働きやすい，働きがいのある会社にしていきたいというのが理念の中に。（F社）
	ダイバーシティの推進	上の人がダイバーシティっていうのは戦略だっていうことをはっきり言っていますので，障害者もたくさん〈中略〉一緒になって働いているという状況なので。（B社）
	業務時間外の充実化を推奨	各自は会社に関わる時間もあるし，家族との時間もあるし，例えばボランティアの時間もあるしっていう〈中略〉会社以外の時間もどんどん皆さん充実させましょうっていう動きがあったんですね。（L社）
	女性活躍には男性の育児参加が不可欠	女性活躍，両立推進の中では，やっぱり男性の育児参画っていうのは外せないねっていうのでKPI（重要業績評価指標〈著者補足〉）に掲げた次第ですね。（C社）
プライベートを大切にする施策	有休取得の推進	年間何日取りましょうみたいな取得目標を決めていって，少しずつ取り組んできて。（F社）
	家族向けイベントの開催	例えばパパのお仕事を子どもが見に来る〈中略〉あとは家族で参加ができる，会社としてのイベントみたいなのをやって，パパはこういう人たちと働いてるんだとか。（C社）
育児関連制度の充実	配偶者出産休暇の設置	男性の配偶者出産による休暇っていうのが。〈中略〉9日間休めるようにしたんですね。（I社）
	育児用休暇の充実化	キッズ休暇というちょっとオリジナルの休暇を設けていまして，これも年10日間を取得できるようになっています。（A社）
	出産祝い金の支給	子どもが生まれたらお子さん1人につき●万円を支給するっていう制度があって。（D社）
	短時間勤務制度の整備	短時間，短日数勤務っていうのはもう，ある種当たり前のところはありますけど，短日数勤務は一応，小学校3年生まで。（H社）

女性活躍を実現するには女性に対する環境整備だけでなく男性の育児参加が不可欠だという認識をもつことである。このように，福利厚生としてではなく経営戦略として，従業員のワークライフバランスを実現しようとしていることが根底にある。

　【プライベートを大切にする施策】としては「有休取得の推進」と「家族向けイベントの開催」が挙げられる。「有休取得の推進」は，有休を時間単位で取得できるようにしたり取得日数の目標を設定したり，休みやすい環境をつくることである。「家族向けイベントの開催」は，子どもが親の働いている場所を見

表 6-2（続き） 背景のカテゴリー，概念およびヴァリエーションの例

カテゴリー	概念	ヴァリエーションの例
働き方改革	生産性を意識した制度改革	評価制度なんかも数年かけて変えました。働く時間じゃなくて，働いた成果だけで判断できるよう，評価制度を，社員全員で話をして変えたりとか〈中略〉パフォーマンスはチームの成果。（C社）
	テレワークの推進	終日のテレワークは週2回までっていうことにしています。基本，自宅です。ただ，サテライトオフィスっていうのも去年ぐらいからやっていて，そこで仕事をする。だから，自宅の近くのオフィスでやるっていうのも。（L社）
	労働時間の短縮を推奨	圧倒的に時間をかけて働かないとパフォーマンスも出ないし，業績もいい点が付かないみたいな状態じゃなくて，労働時間ではなくてその中身なのであるっていうふうにパラダイムシフトして〈中略〉最初は時間じゃないよと言って時短をすごい進ませて，早帰りとか。（K社）
推進者の存在	旗振り役のリーダーシップ	私の課題意識でやっておりまして〈中略〉8年ぐらい前からライフワーク的にちょっとやっていたというところもあって，そういうところは，いろいろ他社さんには本業とは別にですけど，ヒアリングしに行ったりとかっていうことをいろいろしてたので。（E社）

られるよう，家族が参加できるイベントを会社で開催することである。【育児関連制度の充実】には「配偶者出産休暇の設置」「育児用休暇の充実化」「出産祝い金の支給」「短時間勤務制度の整備」が含まれる。「配偶者出産休暇の設置」は，妻の出産時に複数日数の有給休暇を提供することである。「育児用休暇の充実化」は，子どものための有給休暇を別途設けたり，積み立て有休の利用範囲を広げたり，育児用に利用できる休暇制度を充実させることである。「出産祝い金の支給」は，子どもが生まれた従業員に対して会社から手厚い出産祝い金を支給することである。「短時間勤務制度の整備」は，短時間勤務の対象者について子どもの年齢条件を広く設定したり，短日数勤務を認めたり，制度を整備することである。【働き方改革】には「生産性を意識した制度改革」「テレワークの推進」「労働時間の短縮を推奨」が含まれる。「生産性を意識した制度改革」は，組織の生産性が上がるよう，評価制度やフレックスタイム制を改善することである。「テレワークの推進」は，サテライトオフィスの利用や在宅勤務などを推し進めることである。「労働時間の短縮を推奨」は，時間外労働時間の削減を目指して，業務内容を見直したり早帰りを呼びかけたりすることである。【推進者の存在】の「旗振り役のリーダーシップ」は，男性の育休取得

を推進しようという強い意志をもつ人が旗振り役としてリーダーシップを発揮することである。

■ 3-3　側面ごとの結果と考察②：具体策

具体策は，¦促進ルール策定¦ ¦風土醸成¦ ¦支援¦ の3つのカテゴリーグループに分かれ，それぞれについて3カテゴリー（表6-3），6カテゴリー（表6-4），4カテゴリーが生成された（表6-5）。

1）促進ルール策定

【該当者への直接的な推奨】には「上司による育休催促」「育休取得状況のチェックと催促」「出産時の後押し」が含まれる。「上司による育休催促」は，子どもが生まれる部下に対して，上司のほうから育休の取得を働きかけることである。「育休取得状況のチェックと催促」は，人事部門が育休取得状況を定期

表6-3　具体策のカテゴリーグループ ¦促進ルール策定¦ のカテゴリー，概念および
ヴァリエーションの例

カテゴリー	概念	ヴァリエーションの例
該当者への直接的な推奨	上司による育休催促	パートナーが出産をした男性には〈中略〉上長が「おめでとう。育休いつ取るの」っていうのを統一トークにするようになった。（C社）
	育休取得状況のチェックと催促	取得した人と取得してない人リストを定期的に更新して，見れるようにしてる。これを見てもらって，誰が取ってないかっていうのを各人事担当者は把握して〈中略〉その人の上司に対して，計画的に業務の調整とかしてっていうふうに。（J社）
	出産時の後押し	配偶者が出産しましたっていうのが人事に来たときに，そのデータを集めて，人事役員名で育休を取りましょうっていうメールを本人，上司，事業部長とかに配信をしてたんですよ。（I社）
経済的な補助	育休の一部有給化	一応，7日間有給化っていうこともやって。（J社）
	金銭的な特典	男性職員が育児休暇を長期間取ろうとしたときに，どうしても収入面での不安があるということで〈中略〉1ヶ月以上取った人については，月額●万円。（F社）
強制力の行使	取得の義務化や数値目標化	子どもが1歳になるまでに5日間のお休みを取ることが必須になった。（K社）

的にチェックし，取得していない本人やその上司に対して催促することである。「出産時の後押し」は，配偶者の出産を人事部門が把握したタイミングで，本人やその上司に対して育休の手続きを案内し取得を後押しすることである。【経済的な補助】には「育休の一部有給化」と「金銭的な特典」がある。「育休の一部有給化」は，有休感覚で育休を取得できるよう，育休の一部を有休として扱うことである。「金銭的な特典」は，育休を取得した人に対して，保育料の補助や商品券の提供など金銭的な特典を付けることである。【強制力の行使】の「取得の義務化や数値目標化」は，育休の取得を義務にしたり，育休取得率の目標を掲げたりすることである。

2）風土醸成

　【経営幹部の肯定的態度】には「経営幹部によるメッセージ発信」と「経営幹部の意識変化」がある。「経営幹部によるメッセージ発信」は，社長や役員が全従業員に対して男性の育休取得を促すメッセージを発信することである。「経営幹部の意識変化」は，男性の経営幹部が率先して育休を取得するなど，男性育休の推進について経営幹部の士気が上がることである。【管理職への啓蒙】には「管理職向け冊子の配布」と「管理職への教育研修」がある。「管理職向け冊子の配布」は，管理職に対して，部下に子どもが生まれる場合にどのように対応すべきかを詳しく説明した冊子を配布することである。「管理職への教育研修」は，管理職を対象に，男性の育休取得に関する事例検討などを盛り込んだ教育研修を実施することである。【男性の育児参加を推奨】には「社内の父親コミュニティを支援」と「性役割意識をなくす工夫」がある。「社内の父親コミュニティを支援」は，社内の父親コミュニティが活動しやすいよう，会社としてできる範囲で支援することである。「性役割意識をなくす工夫」は，育休に関して女性のイメージを出さず男女共通のものとして提示するなど，性役割意識をなくす工夫をすることである。【わかりやすい情報発信】には「社内報やメルマガによる情報発信」「全従業員向け冊子の配布」「見やすい社内ポータル作り」が含まれる。「社内報やメルマガによる情報発信」は，男性の育休に関連する情報を社内報に掲載したり，定期的にメルマガを配信したりすることである。「全従業員向け冊子の配布」は，育休関連の制度や施策についてまとめ

表6-4　具体策のカテゴリーグループ〔風土醸成〕のカテゴリー，概念およびヴァリエーションの例

カテゴリー	概念	ヴァリエーションの例
経営幹部の肯定的態度	経営幹部によるメッセージ発信	全社集会で〈中略〉社長から熱いメッセージを言ってもらった。いきおい余って社長が，業績が落ちても構わないとまで言ってくれて。（G社）
	経営幹部の意識変化	部長クラスとかが20日を取得するっていうのに一番最初にチャレンジしてくれたりとかもした。（K社）
管理職への啓蒙	管理職向け冊子の配布	育休を取得したいとか〈中略〉連絡が来たら〈中略〉今後その評価はどうするかとか，勤怠はどうなるみたいなのを，ハンドブックみたいなのを管理職に送ったり。（A社）
	管理職への教育研修	取得しやすくするために上司に教育を行っています。管理職になったら必ず受ける研修で，部下の男性から育児休業取りたいって言われたらどうしますかっていうようなケース応答っていうか。（D社）
男性の育児参加を推奨	社内の父親コミュニティを支援	パパが有志で作ったコミュニティーなんですけど，たまにパパ同士でランチをしたりとか〈中略〉あくまでも就業時間内でコミュニケーションを取ったりとか，あとは，わが家の育児ノウハウみたいなのを教え合ったりとか，そういうのをしてます。（A社）
	性役割意識をなくす工夫	これからは男だ女じゃなくて，育児とか家庭は夫婦でやっていくものですよと〈中略〉何でも女性，呼び出し来ても女性，子ども熱出して面倒見るのも女性って，みんな女性，女性っていったら，それは女性働けないですよね，というのがあるんで，そんな感じで進めています。（E社）
わかりやすい情報提供	社内報やメルマガによる情報発信	取り方とか方法みたいなところはまだ試行錯誤のところがあったと思うので，どういうふうに取っていくのか，どうやって取ったらいいのかみたいな話については，社内のメーリングニュースというか社内報みたいな。（K社）
	全従業員向け冊子の配布	従業員が制度を知らないんじゃないかっていう話が出てきてて，それで，これを全従業員に配ったと。こんな制度がありますよみたいな。（F社）
	見やすい社内ポータル作り	男性の育児休職推進のための別のイントラネットもあって，ここに取得のマニュアルとか，FAQとか，パパの育児体験談とか，こういうのを一応，作って。（J社）
事例の紹介	育休取得男性の事例紹介	その育児休業を，きっかけを教えてくださいとかっていうので，結構，取得した社員には掘り下げて，細かく質問したりとかっていうのはやっておりました。こういったイクメンインタビューを通じて，実際にどういうふうに育児休業を過ごしたのかとか，それがどういうふうに効果として表れたのかみたいなのを発信しています。（A社）
	イクボスの紹介	表彰制度ですね〈中略〉会社はなんかイクメン，イクボスになると評価してくれるんだってみたいな雰囲気をつくりました。（G社）
意見聴取	男性育休に関する聞き取り	育児休業を取った男性のパパにもインタビューしたんですけど〈中略〉男性の育児参加だったり，いろんなテーマで社内の人に話を聞くっていうのは続けてますし，アンケートとかも〈中略〉積極的に育児に取り組みたいと思っているかどうかみたいなことを1年に1回定期的に取って。（K社）

た冊子を作成し，入社時や制度改定時に全従業員に配布することである。「見やすい社内ポータル作り」は，育休に関する情報を閲覧しやすいように社内ポータルを構築することである。【事例の紹介】には「育休取得男性の事例紹介」と「イクボスの紹介」がある。「育休取得男性の事例紹介」は，育休を取得した男性の体験談を含めた事例を社内に紹介することである。「イクボスの紹介」は，育休を取得した男性の上司を中心に，男性の育児参加に理解のある上司を社内に紹介することである。【意見聴取】の「男性育休に関する聞き取り」は，男性育休に関して，取得した本人やその上司を中心に感想や意見を聞き取ることである。

3）支　　援

　【人事部門による取得者支援】には「人事による個別相談の実施」「育休中セミナーの開催」「育休中の業務メール使用許可」が含まれる。「人事による個別相談の実施」は，育休を取得するにあたっての懸念事項について，人事が個別に相談に応じることである。「育休中セミナーの開催」は，育休中の従業員やその配偶者を対象に，育休中の不安解消や円滑な復職支援を目的としたセミナーを開催することである。「育休中の業務メール使用許可」は，希望者には育休中でも業務メールを使用できるよう環境を整えることである。【人事部門による上司や職場の支援】には「具体的な支援方法の指導」と「人の補充」がある。「具体的な支援方法の指導」は，育休取得者に対してどのような支援をしたらいいのか，その上司に対して人事が助言や指導を行うことである。「人の補充」は，育休期間が長期の場合に，その職場が人手不足にならないよう人の補充をすることである。

　【上司による取得者支援】には，「声かけやメールによるフォロー」「育休面談用シートの活用」「不利な扱いをしない配慮」が含まれる。「声かけやメールによるフォロー」は，育休に入る前に声をかけたり育休中にメールを送ったりして，育休取得者を気にかけて支援することである。「育休面談用シートの活用」は，育休について本人と上司の話し合いが円滑に進むよう，人事部門が作成したシートに沿って面談を行うことである。「不利な扱いをしない配慮」は，育休取得者の不安を払拭するために，復職後に不利益な扱いをしないことを上司

表 6-5　具体策のカテゴリーグループ〔支援〕のカテゴリー，概念およびヴァリエーションの例

カテゴリー	概念	ヴァリエーションの例
人事部門による取得者支援	人事による個別相談の実施	休職に入る前は，まず連絡先がどうとか，いつ復帰しますかとか，そういったことを中心にして〈中略〉その先，復職した後どういうアサインメントを考えてますかとか，本人もそういうふうにちゃんと心の準備はきちっとしてもらって入ってもらうというような形でやります。（E社）
	育休中セミナーの開催	復職支援みたいな形で，育児休職者を対象にしたセミナーもやってまして，一応，本社ビルでも毎年 1 回は必ずやっていますね。（H社）
	育休中の業務メール使用許可	社外あるいは社内から来るメールを，個人の例えばスマートフォンとかで受信できるメールアドレスに転送するっていう取り組みはしてます。ただ，これも希望者だけなんですけども，何となくそのメールを読むだけでも，会社がとか自分の部署がこういう今動きをしてるんだなというのが分かるだけでも，復職したタイミングで，追いつき方が変わってくるというか。（F社）
人事部門による上司や職場の支援	具体的な支援方法の指導	上司には，戻ってくるのを待ってるよと言わせる〈中略〉上司から時々メールでもしてあげてください，みたいなことは言います。（E社）
	人の補充	派遣の方に来てもらったりとか。今，中途採用とかも積極的に採用してるんですよ。（I社）
上司による取得者支援	声かけやメールによるフォロー	メールを書いて，ぜひ休んでこの体験をしてくださいというような働きかけを，簡単にですけど送ったりはします。（B社）
	育休面談用シートの活用	話し合う場にできるので。そのシートにこれ書いてあるから，それに沿ってやるので。（E社）
	不利な扱いをしない配慮	絶対評価を下げないよっていう約束をするということ徹底してます。（G社）
上司による職場支援	業務調整	現場のマネージャーがかなり頑張ってるところだと思うんです。仕事を調整したりとか，それで取れるようにしてる。（A社）
	協働体制の構築	この機会にいいチャンスだから仕事の割り振りを 1 人に振るんじゃなくて，みんなで仕事の分担を再検討しよう。少しずつ振って誰もができるようにしようじゃないかとか。（G社）

注）「上司による取得者支援」および「上司による職場支援」はインタビュイーである人事やダイバーシティの担当者が把握している内容であり，該当上司から直接聞き取ったものではない。

が丁寧に伝えることである。【上司による職場支援】には「業務調整」と「協働体制の構築」がある。「業務調整」は，育休取得者が所属する組織の業務について，引き継ぎなどの業務調整を上司が支援することである。「協働体制の構築」は，職場のメンバーが休んでも業務に支障がでないように，チームとして互いの仕事をカバーする体制をつくることである。

■ 3-4　側面ごとの結果と考察③：結果

　結果は ｜成果｜ と ｜課題｜ の２つのカテゴリーグループに分かれ，それぞれに４カテゴリーずつが生成された（表6-6, 表6-7）。

1）成　　果

　【従業員の意識変化】として「男性育休も当たり前という意識の浸透」と「子育て中の従業員に対する理解」が挙げられる。「男性育休も当たり前という意識の浸透」は，男性の育休取得者が増えて，男性の育休も当たり前という意識が職場に浸透することである。「子育て中の従業員に対する理解」は，家事や育児の大変さを理解し，子育て中の従業員をあたたかい目で見るようになることである。【ワークライフバランスの実現】には「短時間勤務をする男性」「仕事と家庭の両立」「女性が活躍する働きやすい職場」「休みやすい風土」が含まれる。「短時間勤務をする男性」は，育休を経験し復職後に短時間勤務をする男性が存在することである。「仕事と家庭の両立」は，復職後も夫婦共に継続して育児参加し，仕事と家庭の両立がしやすくなることである。「女性が活躍する働きやすい職場」は，女性管理職やフルタイムで復職する女性が増えるなど，女性が活躍する働きやすい職場になることである。「休みやすい風土」は，休みたいときに気兼ねなく有休を取得できる風土になることである。

　【取得者の付加価値向上】には「コミュニケーション能力の向上」と「仕事におけるアイデアの広がり」がある。「コミュニケーション能力の向上」は，育休中にさまざまな人と関わり人間関係を構築することで，コミュニケーション能力が向上することである。「仕事におけるアイデアの広がり」は，育休中の生活経験によって視野が広がり，仕事につながりそうなアイデアの引き出しが増えることである。【組織体制の強化】には「属人化しない組織」と「業務効率

表6-6　結果のカテゴリーグループ〔成果〕の，カテゴリー，概念およびヴァリエーションの例

カテゴリー	概念	ヴァリエーションの例
従業員の意識変化	男性育休も当たり前という意識の浸透	事例がどんどん出てくると取ろうとしている人も「何日ぐらいが平均ですかね」なんて聞いてきますし，あとはそういう事例があるんだったら自分らもやんなきゃいけないなってマネージャーも思ってくるし。（E社）
	子育て中の従業員に対する理解	育児が大変だっていうのを理解しますね。女性で取りたいとか，早く帰る方に対する理解も当然，深まっていくので。（B社）
ワークライフバランスの実現	短時間勤務をする男性	時短とかを取る男性もいるんですよ。復職の後に。（I社）
	仕事と家庭の両立	育児に主体者として関わった経験がある人がどんどん増えているので，そこで奥さんとかがどういうことをやっているのかっていうのを体験することによって，育休を取った後も早帰りしてみようであったりとか〈中略〉継続した育児参加っていうのが進んでいる。（K社）
	女性が活躍する働きやすい職場	育児を抱える女性自体は，以前よりは働きやすくなっているなというのは実感でありますし〈中略〉女性が活躍して働きやすい会社にはなってきてるんだろうなと思います。（C社）
	休みやすい風土	こういう取り組みを会社がしてくれることによって，時間外削減であるとか，他の有休の取りやすさにつながってる。（J社）
取得者の付加価値向上	コミュニケーション能力の向上	地域のそういう〈中略〉コミュニティーに参加して，そこで人間関係とかを，会社とは違う，家族とも違う，また別の人間関係が構築できると思うんですよね。そのことによって，会社でのコミュニケーション能力も多分，相乗的に高まってくる。（F社）
	仕事におけるアイデアの広がり	仕事以外の生活経験だったり，学びだったりっていうことの，個人の引き出しを増やしてもらえば増やしてもらうほど〈中略〉その生活経験からの視点を養うことにつながる。（D社）
組織体制の強化	属人化しない組織	多能工化をしないと，どうしても業務が属人化しちゃうと，その人が抜けちゃうともう回らないっていうのでは，そもそもの組織として脆弱な状態だよねっていうことなので，だから，ある意味，そういう意味では，男性がぱっと抜けても大丈夫なような屋台骨がしっかりできる意識っていうのはできてきたのかな。（F社）
	業務効率化	いないことによって，残ってるメンバーもいろいろ気付きが出てくるはずなんで〈中略〉そもそもこの仕事っているのかいらないのかって。（G社）

化」がある。「属人化しない組織」は，仕事の標準化や分担の再検討などにより，属人化しない組織になることである。「業務効率化」は，無駄な仕事を省いたり時間を効率的に使ったり，職場として業務効率化に取り組むことである。

2）課　題

　【許容されにくい状況】には「理解ない上司の存在」と「周囲への高い業務負荷」がある。「理解ない上司の存在」は，育休や短時間勤務に対して素直に受け入れられない上司が一部に存在していることである。「周囲への高い業務負荷」は，育休取得者のいる職場において，仕事のカバーをする周囲のメンバーに負荷がかかり過ぎることである。【取得状況の停滞】には「取得しにくい従業員の存在」と「長期取得者数の停滞」がある。「取得しにくい従業員の存在」は，自分の将来や周囲への影響などを懸念して，取得したくてもできない従業員が存在していることである。「長期取得者数の停滞」は，長期間休むことへの懸念から，数日間のみの取得にとどめる男性が多く，長期取得者が増えないことである。

表 6-7　結果のカテゴリーグループ〔課題〕の，カテゴリー，概念およびヴァリエーションの例

カテゴリー	概念	ヴァリエーションの例
許容されにくい状況	理解ない上司の存在	「とてもじゃないけどそんなこと，こんな厳しい業務の中で」っていう人も中にはいると思いますね。（E社）
	周囲への高い業務負荷	そこの部署で業務が回らなくなるっていう。（L社）
取得状況の停滞	取得しにくい従業員の存在	取りづらいっていう声はいまだに聞きますし，取りたくないっていうんですか，そういった声が。（B社）
	長期取得者数の停滞	業務に穴をあけてしまうっていう責任感から〈中略〉ちょっと5日間にしとこうみたいな，そんなのが多い気がします。（A社）
形骸化	本質から外れた育休	育休を取ることが目的になると，取ったはいいけど家でぼうっとしてましたとか。（C社）
	社内の不公平感	なぜ子育て中の人にばかりそういって特化したことやるのかっていう声もある。（B社）
過剰な施策の見直し	過剰な施策の廃止	もうだいぶ浸透してきたので，それも要らないかなっていうふうになってます。なので，商品券もやめますし。（B社）

【形骸化】には「本質から外れた育休」と「社内の不公平感」がある。「本質から外れた育休」は，育休を取得しても主体的に育児に取り組まず，単なる休暇になっている人がいることである。「社内の不公平感」は，子育て中の人ばかりが優遇されているという不公平感をもつ従業員が存在することである。【過剰な施策の見直し】の「過剰な施策の廃止」は，男性の育休取得が浸透したことで手厚い施策の必要性がなくなり，過剰なものは廃止していくことである。

4　総合考察

本研究では，企業における男性の育休取得推進プロセスについて検討し，背景，具体策，結果からなる仮説モデルを提示した。以下に，男性の育休取得を推進する背景，男性の育休取得を推進するための取り組み，育休を取得した男性に対する支援，男性の育休取得を推進した結果について考察する。

■ 4-1　男性の育休取得を推進する背景

男性の育休取得を推進している企業は，育休取得率などの表面的な体裁に目を向けているのではなく，背景として【経営戦略としてのワークライフバランス】を明確に打ち出していることや，【働き方改革】に取り組んでいることが明らかとなった。【経営戦略としてのワークライフバランス】は，武石（2011）が男性の育休取得の促進要因として挙げた，会社としての取り組み姿勢の明確化に相当すると考えられる。また，ワーク・ライフ・バランス推進・研究プロジェクト（2010）により，時間管理意識の向上や長時間労働の是正といった組織を挙げた取り組みの重要性が指摘されているが，本研究においても，「生産性を意識した制度改革」「テレワークの推進」「労働時間の短縮を推奨」といった【働き方改革】が，男性の育休取得推進を成功させる土台となっていることが示唆された。Kotter（1996）は，組織変革プロセスの「成果を活かしてさらなる変革を推進する」段階において，相互依存性を示す諸システムのなかで変革を進めることの必要性を指摘しているが，これとも整合する。

■ 4-2 男性の育休取得を推進するための取り組み

　男性の育休取得を推進するための取り組みとして，｜促進ルール策定｜だけでなく｜風土醸成｜の工夫をしていることが明らかとなった。まず，男性の育休に関する｜促進ルール策定｜は，背景として【育児関連制度の充実】が行われていると整備しやすく，男性が育休を取得した場合に【経済的な補助】をすることや，「取得の義務化や数値目標化」といった【強制力の行使】によって【該当者への直接的な推奨】を行うことが挙げられる。これまでも制度利用促進のためのルール化の重要性が指摘されているが（ワーク・ライフ・バランス推進・研究プロジェクト，2010），本研究においてその具体的な内容が示された。Kotter（1996）は，長期間におよぶ組織変革において短期的な成果を示すことの重要性を指摘しているが，｜促進ルール策定｜は具体的な成果を早いタイミングで示すための施策であると考えられる。

　次に，｜風土醸成｜の取り組みは多種多様であることが明らかとなった。「経営幹部によるメッセージ発信」など男性の育休取得に対する【経営幹部の肯定的態度】は，会社が本気で男性の育休取得を推進しようとしていることを示すことができるだろう。男性の育休取得が停滞している理由のひとつとして多元的無知が指摘されているが（Miyajima & Yamaguchi, 2017），男性の経営幹部が自ら育休を取得することや，男性の育休取得を推奨するメッセージを発信することにより，経営幹部は男性の育休に対して否定的だろうという誤った推測が払拭されると考えられる。これはリーダーによる直接的関与であり，Schein（2010）が示した組織文化の第一義的な定着メカニズムに相当すると考えられる。また，【管理職への啓蒙】も｜風土醸成｜には不可欠である。男性社員が育休制度を利用しやすい雰囲気がある職場の特徴として，管理職自身のワークライフバランスに対する意識の高さが挙げられるが（ワーク・ライフ・バランス推進・研究プロジェクト，2010），管理職の意識を高めるには「管理職向け冊子の配布」や「管理職への教育研修」など【管理職への啓蒙】が必要であり，これが成功裏に進めば【上司による取得者支援】が円滑に行われるだろう。ワークライフバランスを推進するうえでも，研修などによる上司への働きかけは効果的であることが示されているが（守島, 2006），男性の育休取得推進においても，上司への働きかけは重要な要素であることが本研究により明らかとなった。なお，男性

の育休に焦点を絞ったものではないが，会社として【男性の育児参加を推奨】することも，男性が育休制度を利用しやすい風土の醸成につながることが示された。

　さらに，男性の育休に関する情報提供も｛風土醸成｝の助けとなる。育休制度について【わかりやすい情報発信】をすることに加え，男性の育休に関する【意見聴取】を行い，育休を取得した男性の体験談を記事としてまとめたり，男性の育児参加に理解のある上司をイクボスとして取り上げたり，さまざまな【事例の紹介】をしていくことが効果的である。経営理念の浸透プロセスにおいて，エピソードや他者の行動をモデリング学習することが示されており（松岡, 1997），経営理念の第二義的な定着メカニズムとして，エピソードや逸話が企業内統合機能を高めることが示唆されているが（横川, 2010），男性の育休取得を推進するプロセスにおいても同様の手法が用いられていることが示された。また，組織変革を推進するプロセスにおいて，変革に取り組む推進者の功績をたたえることが望ましいとされているが（Kotter, 1996），本研究において示された【事例の紹介】はこれに相当するだろう。なお，男性の育休利用者がいる企業は，男性の育休利用者がいない企業よりも制度利用対象外の人への周知活動をより行っていることが報告されているが（厚生労働省, 2014），本研究においても「社内報やメルマガによる情報発信」や「全従業員向け冊子の配布」など，制度利用対象外の人に対しても【わかりやすい情報発信】を工夫していることが明らかとなった。ワークライフバランス支援の周知・徹底の重要性は指摘されているが（ワーク・ライフ・バランス推進・研究プロジェクト, 2010），このような地道な取り組みにより男性の育休を身近に感じてもらえるようになると考える。

■ 4-3　育休を取得した男性に対する支援

　育休を取得した男性が問題なく復職できるように，かつ育休を取得した男性の職場に問題が起こらないように，それぞれに対して支援を行っていることが示された。ただし，育休取得者に対する支援は，男性に限ったものではなく男女に共通したものとなっている。人事部門は直接育休取得者を支援するだけでなく，上司が育休取得者やその職場を支援できるように，上司に対する支援も行っていることが示された。【人事部門による取得者支援】のひとつに「育休

中セミナーの開催」があるが，そもそも男性の育休取得者が少ないため，大勢の女性に混ざって参加することを躊躇する男性も存在する。配偶者も一緒に参加することを促す企業もあり，全体として男性の参加者が増えれば，育休中の男性も参加しやすい雰囲気になるだろう。

　【上司による取得者支援】は，人事部門による「具体的な支援方法の指導」や，「管理職向け冊子の配布」「管理職への教育研修」といった【管理職への啓蒙】により促進されることが明らかとなった。ワーク・ライフ・バランス推進・研究プロジェクト（2010）は，男性の育休取得を推進するうえで上司と部下間で適宜コミュニケーションをとっていくことの重要性を指摘しているが，本研究で示された【上司による取得者支援】には，育休前から復職にいたるプロセスにおける，必要に応じた丁寧なコミュニケーションが含まれている。女性の両立支援においても，施策への上司の肯定的・積極的関与の重要性が示されており（坂爪，2009），上司による関わりは，女性活躍推進および男性の育休取得推進の両方に共通する重要な要素であると考えられる。これは，上司の経営理念への姿勢が，組織成員の理念への共感や理念の行動への反映に影響するという高尾・王（2011）のモデルとも共通する。また，【上司による職場支援】は【働き方改革】によって促されることが示された。すなわち，職場の「業務調整」や「協働体制の構築」をするには，会社として生産性を意識した取り組みが行われていることが重要だろう。なお，本研究で示された「協働体制の構築」は，ワーク・ライフ・バランス推進・研究プロジェクト（2010）が示した「職場メンバーで業務を代替しあえる連携体制を構築することや日頃から仕事を通してノウハウを共有しあうこと」に相当すると考えられる。

■ 4-4　男性の育休取得を推進した結果

　男性の育休取得を推進した結果，【ワークライフバランスの実現】や【組織体制の強化】といった成果が得られることが示された。まず，【ワークライフバランスの実現】の背景にはさまざまな要因が存在している。具体的には，男性の育休に関する｛促進ルール策定｝や｛風土醸成｝により，「男性育休も当たり前という意識の浸透」など【従業員の意識変化】が起こり【ワークライフバランスの実現】が促されることが示された。また，男性の育休に限ったことで

はないが，【経営戦略としてのワークライフバランス】に基づき，「有休取得の
推進」「家族向けイベントの開催」といった【プライベートを大切にする施策】
を講じることにより，「子育て中の従業員に対する理解」が深まるなど【従業
員の意識変化】を促し，それが結果として【ワークライフバランスの実現】に
つながっていることが明らかとなった。【組織体制の強化】も同様にさまざま
な要因からの影響を受けている。具体的には，男性の育休取得を推進した成果
のひとつである【取得者の付加価値向上】，育休取得者が所属する職場におけ
る「協働体制の構築」といった【上司による職場支援】，そして会社としての
【働き方改革】が背景にある。育休を取得した男性について，復職後の業務遂
行が効率的になるという育休の効果が報告されているが（研究1；齋藤，2012；
脇坂，2008），本研究においても【取得者の付加価値向上】が示された。なお，付
加価値に含まれる内容は仕事の効率性だけではなく，育休中の経験を経て，コ
ミュニケーションの取り方がうまくなったり，仕事における視野や発想が広が
ったりすることが示唆された。

　一方で，男性の育休が【許容されにくい状況】が一部に存在することや，場
合によっては男性の育休が【形骸化】していることが課題として浮かび上がっ
た。【許容されにくい状況】は【取得状況の停滞】をもたらすことが示されたが，
これは，男性の育休に理解を示さない上司が存在することや，自分の育休中に
職場メンバーの業務負荷が高まることへの懸念から，育休を取得したくても申
請できなかったり，あるいは長期間ではなく数日間の育休にとどめたりする状
況があると解釈できる。女性の両立支援において，代替要員の確保や復職後の
代替要員の取り扱いが大きな課題となっているが（労働省，2000），男性の育休
取得を推進する過程においても，長期間の育休取得者が増えれば同様の問題が
生じることになるだろう。また，【形骸化】は【過剰な施策の見直し】につなが
ることが示された。男性の育休取得について｜促進ルール策定｜をすることが
【形骸化】につながりやすいことから，男性の育休取得を推進する際には，｜促
進ルール策定｜と並行して｜風土醸成｜に取り組むことが重要になるだろう。
｜促進ルールの策定｜は，経営理念の第二義的な定着メカニズムに相当すると
考えられる。第二義的な定着メカニズムは第一義的な定着メカニズムを補強す
るためのものであるから（横川，2010），経営幹部による肯定的なメッセージの

発信や管理職への啓蒙といった，第一義的な定着メカニズムが機能していなければ，推進策の効果は得られにくいと解釈できる。

■ 4-5　まとめと課題

　本研究では，男性の育休取得を推進し，1ヶ月以上の育休を取得した男性が所属している民間企業に対してインタビュー調査を行い，男性の育休取得推進のプロセスを明らかにした。男性の育休取得を推進していくには，ワークライフバランスを経営戦略として位置づけ，働き方改革に取り組んでいることが前提として必要であることが示唆された。また，男性の育休取得を促進するためのルールを策定するだけでなく，風土醸成の工夫をすることが重要であることが示された。男性の育休取得を推進した成果については，ワークライフバランスが実現されることや組織体制が強化されることが示された。一方，本研究では男性の育休取得を推進したことにより生じた課題も見いだされ，男性の育休を促進するためのルールは，育休制度が形骸化してしまうリスクがあるという新たな知見が得られた。

　しかし，以上のことは限られた範囲での結果であり，一般化の判断は慎重に行う必要がある。具体的には，本研究の調査対象企業の多くは従業員規模1,000名以上の大企業だったが，企業規模により適切な推進策は異なる可能性も考えられる。また，男性の育休取得を義務化している場合とそうでない場合では，生じる課題も異なるだろう。今後はこのような状況による違いを考慮した検討が望まれる。そこで次章では，男性の育休取得を推進している幅広い企業を対象とし，具体的な推進策とその成果について検証する。

第7章

男性の育休取得推進策は企業に どのような成果をもたらすのか？ （研究7）

第6章において，企業における男性の育休取得推進プロセスを明らかにした。本章では，第6章の知見に基づき，企業における男性の育休取得推進策とその成果について検討する。

1 目　的

　企業における男性の育休取得推進プロセスを明らかにした研究6では，育休取得の義務化や数値目標の設定，該当者に対して直接的に取得を促すといった促進ルールを策定することに加え，「経営幹部の肯定的態度」「管理職への啓蒙」「わかりやすい情報発信」「事例の紹介」といった風土醸成の工夫が重要であり，このような施策によって，従業員の意識変化が起こりワークライフバランスの実現が促進されることを示した。また，上司による職場支援は，属人化の解消や業務効率化といった組織体制の強化につながることが示唆されている。しかし，これらは質的研究によるもので量的には検証されていない。

　そこで，本研究では，男性の育休取得を推進している企業における促進ルール策定，風土醸成，職場支援といった具体策について，男性の育休取得推進の成果との関係から検討することを目的とする。研究6の知見より以下の仮説が導き出される。

　〈仮説1〉促進ルールを策定している企業のほうが「従業員の意識変化」を成果として認知している

〈仮説2〉促進ルールを策定している企業のほうが「ワークライフバランスの実現」を成果として認知している

〈仮説3〉風土醸成をしている企業のほうが「従業員の意識変化」を成果として認知している

〈仮説4〉風土醸成をしている企業のほうが「ワークライフバランスの実現」を成果として認知している

〈仮説5〉上司による職場支援を促している企業のほうが「組織体制の強化」を成果として認知している

2 方　　法

■ 2-1　調査対象企業および手続き

　男性の育休取得を推進している民間企業を調査対象とした。安全衛生優良企業マーク推進機構の「優ジロウ　ホワイト・ブラック企業検索」を用い，くるみん認定・プラチナくるみん認定の民間企業2,590社に質問紙を配布し，429社から回答を得た（回収率16.6%）。このうち各種法人・団体，外資系企業，現在くるみん認定されていない企業を除外し，さらに男性正社員の育休取得を推進していると回答した300社に絞った。調査期間は2020年6月から7月にかけてであり，企業の人事労務担当者宛に質問紙を郵送し，無記名にて回収した。

■ 2-2　調査項目

　調査項目は以下の通りであり，「男性の育休に関するアンケート」という名称で行った。なお，配偶者特別休暇など育児のための有給休暇制度がある場合は，それも育休とみなして回答するよう求めた。

1）促進ルール

　研究6で示された促進ルール策定の「強制力の行使」「該当者への直接的な推奨」に該当する項目を用意した。すなわち，男性正社員における育休取得の義務化や数値目標の設定をしているか否か，育休の対象となる男性正社員に対して直接的に取得を促すことになっているか否かについて回答を求めた。

2）風土醸成

研究 6 で示された風土醸成の「経営幹部の肯定的態度」「管理職への啓蒙」「男性の育児参加を推奨」「わかりやすい情報発信」「事例の紹介」に該当する項目を用意した。すなわち、「経営幹部が、男性の育休に関するポジティブなメッセージを発信している」「管理職に対して、男性の育休に関する教育研修を実施している」「子どものいる男性社員同士のネットワークづくりを支援している」「社員に対して、男性の育休に関する情報をわかりやすく発信している」「育休を取得した男性の事例を社内で紹介している」の 5 項目から、当てはまるものを複数選択してもらった。

3）職場支援

研究 6 で示された支援の「上司による職場支援」に該当する項目を用意した。すなわち、「育休を取得する、あるいは取得中の男性正社員の上司に対して、人事などの管理部門はどのような助言をしていますか」という問いに対して、「育休を取得する男性の業務に関連して、職場全体の業務を調整すること」「職場のメンバーが助け合える協働体制をつくること」の 2 項目から、当てはまるものを複数選択してもらった。

4）成　　果

研究 6 で示された成果に該当する項目を用意した。すなわち、「男性正社員の育休取得を推進することで、組織としてどのような成果があったと感じますか」という問いに対して、「従業員の意識変化」 2 項目（「社内において、男性の育休も当たり前という意識が浸透した」「社内において、子育てをしている社員に対する理解が深まった」）、「ワークライフバランスの実現」 4 項目（「男性社員も短時間勤務など多様な働き方を選びやすくなった」「仕事と家庭を両立させやすい職場になった」「女性が活躍しやすい職場になった」「休暇をとりやすい職場になった」）、「組織体制の強化」 2 項目（「職場の属人的な業務が減った」「職場の業務効率化が進んだ」）の計 8 項目から、当てはまるものを複数選択してもらった。

5）企業属性

上記質問のほかに，本社の所在地，業種，従業員規模，男性正社員の育休取得率等について回答を求めた。

3 結 果

■ 3-1 回答企業の属性

回答企業の属性を表 7-1 に示す。従業員規模は，100 名未満 75 社，100-499名 129 社，500-999 名 28 社，1,000-4,999 名 51 社，5,000-9,999 名 8 社，10,000名以上 9 社であった。昨年度の男性正社員の育休取得率は，0 %（取得者はいない）101 社，0 %超〜10% 未満 76 社，10% 以上 50% 未満 52 社，50% 以上100% 未満 32 社，100% 以上 37 社，不明 2 社であった。業種は，製造 94 社，卸売・小売 52 社，サービス 47 社，建設 39 社，情報通信 24 社，金融・保険 20 社，運輸・郵便 8 社，医療・福祉 7 社，不動産・物品賃貸 4 社，その他・未回答 5社であった。本社所在地は，多い順に東京都 62 社，愛知県 14 社，大阪府 12 社，富山県 12 社，滋賀県 10 社であり，合計 45 都道府県であった。

表 7-1　回答企業の属性とその内訳

	0 % （取得者は いない） 101 社 (33.7%)	0 %超〜 10%未満 76 社 (25.3%)	10%以上 50%未満 52 社 (17.3%)	50%以上 100%未満 32 社 (10.7%)	100%以上 37 社 (12.3%)	不明 2 社 (0.7%)
100 名未満 75 社 (25.0%)	37 社	18 社	5 社	3 社	11 社	1 社
100-499 名 129 社 (43.0%)	54 社	32 社	14 社	9 社	19 社	1 社
500-999 名 28 社 (9.3%)	5 社	9 社	7 社	5 社	2 社	—
1,000-4,999 名 51 社 (17.0%)	4 社	13 社	20 社	11 社	3 社	—
5,000-9,999 名 8 社 (2.7%)	—	3 社	3 社	2 社	—	—
10,000 名以上 9 社 (3.0%)	1 社	1 社	3 社	2 社	2 社	—

■ 3-2　各項目の集計結果

　各項目の該当社数を表 7-2 に示す。まず，男性の育休取得推進策について，促進ルールとして義務化や数値目標の設定をしている企業は 110 社，育休の対象となる男性正社員に対して直接的に取得を促すことになっている企業は 143 社であった。風土醸成は「社員に対して，男性の育休に関する情報をわかりやすく発信している」（132 社），「育休を取得した男性の事例を社内で紹介している」（96 社），「経営幹部が，男性の育休に関するポジティブなメッセージを発信している」（84 社）の順に多かった。育休を取得する，あるいは取得中の男性正社員の上司に対して，人事などの管理部門が「育休を取得する男性の業務に関連して，職場全体の業務を調整すること」を助言する企業は 140 社，「職場のメンバーが助け合える協働体制をつくること」を助言する企業は 152 社であった。

　次に，成果をみると，従業員の意識変化について「社内において，男性の育休も当たり前という意識が浸透した」と認識している企業は 99 社，「社内において，子育てをしている社員に対する理解が深まった」と認識している企業は 150 社であった。ワークライフバランスの実現については，「仕事と家庭を両立させやすい職場になった」（148 社），「休暇をとりやすい職場になった」（135 社），「男性社員も短時間勤務など多様な働き方を選びやすくなった」（61 社）の順に多かった。組織体制の強化については，「職場の属人的な業務が減った」と認識している企業は 24 社，「職場の業務効率化が進んだ」と認識している企業は 20 社であった。

■ 3-3　カイ二乗検定の結果

　各質問項目について，当てはまると選択されている場合は「 1 」，選択されていない場合は「 0 」とし，具体策と成果との関連性を検討するため，カイ二乗検定を行った。

1）促進ルールと成果

　まず，促進ルールと従業員の意識変化との関連性をみると（表 7-3），義務化や数値目標の設定をしている企業のほうが，「社内において，男性の育休も当

表7-2　各項目の該当社数

	項目		該当社数
推進策	促進ルール	義務化や数値目標の設定をしている	110 社　(36.7%)
		取得を促すことになっている	143 社　(47.7%)
	風土醸成	経営幹部が，男性の育休に関するポジティブなメッセージを発信している	84 社　(28.0%)
		管理職に対して，男性の育休に関する教育研修を実施している	44 社　(14.7%)
		子どものいる男性社員同士のネットワークづくりを支援している	5 社　(1.7%)
		社員に対して，男性の育休に関する情報をわかりやすく発信している	132 社　(44.0%)
		育休を取得した男性の事例を社内で紹介している	96 社　(32.0%)
	職場支援	育休を取得する男性の業務に関連して，職場全体の業務を調整すること	140 社　(46.7%)
		職場のメンバーが助け合える協働体制をつくること	152 社　(50.7%)
成果	従業員の意識変化	社内において，男性の育児休業も当たり前という意識が浸透した	99 社　(33.0%)
		社内において，子育てをしている社員に対する理解が深まった	150 社　(50.0%)
	ワークライフバランスの実現	男性社員も短時間勤務など多様な働き方を選びやすくなった	61 社　(20.3%)
		仕事と家庭を両立させやすい職場になった	148 社　(49.3%)
		女性が活躍しやすい職場になった	48 社　(16.0%)
		休暇をとりやすい職場になった	135 社　(45.0%)
	組織体制の強化	職場の属人的な業務が減った	24 社　(8.0%)
		職場の業務効率化が進んだ	20 社　(6.7%)

たり前という意識が浸透した」($\chi 2 (1) = 9.69, p < .01$)，「社内において，子育てをしている社員に対する理解が深まった」($\chi 2 (1) = 10.17, p < .01$)と回答していた。また，取得を促すことになっている企業のほうが，「社内において，男性の育休も当たり前という意識が浸透した」($\chi 2 (1) = 10.60, p < .01$)，「社内において，子育てをしている社員に対する理解が深まった」($\chi 2 (1) = 5.49, p < .05$)と回答していることが示された。したがって，仮説1は支持された。

表 7-3　促進ルール策定と成果に関するカイ 2 乗検定の結果

	義務化や数値目標の設定をしている		取得を促すことになっている	
	χ^2 値	ϕ 係数	χ^2 値	ϕ 係数
社内において，男性の育休も当たり前という意識が浸透した	9.69**	0.18	10.60**	0.19
社内において，子育てをしている社員に対する理解が深まった	10.17**	0.19	5.49*	0.14
男性社員も短時間勤務など多様な働き方を選びやすくなった	0.01	0.01	0.50	−0.04
仕事と家庭を両立させやすい職場になった	0.06	0.01	6.03*	0.14
女性が活躍しやすい職場になった	5.46*	0.14	19.03***	0.25
休暇をとりやすい職場になった	6.84**	0.15	1.53	0.07

$^*p < .05,$ $^{**}p < .01,$ $^{***}p < .001$

　次に，促進ルールとワークライフバランスの実現との関連性については，義務化や数値目標の設定をしている企業のほうが，「女性が活躍しやすい職場になった」（$\chi 2$ (1) = 5.46, p < .01），「休暇をとりやすい職場になった」（$\chi 2$ (1) = 6.84, p < .01）と回答していることがわかった。また，取得を促すことになっている企業のほうが，「仕事と家庭を両立させやすい職場になった」（$\chi 2$ (1) = 6.03, p < .05），「女性や活躍しやすい職場になった」（$\chi 2$ (1) = 19.03, p < .001）と回答していることが示された。なお，促進ルールと「男性社員も短時間勤務など多様な働き方を選びやすくなった」との有意な関連はみられなかった。したがって，仮説 2 は部分的に支持された。

2）風土醸成と成果

　まず，風土醸成と従業員の意識変化との関連性をみると（表 7-4），経営幹部が，男性の育休に関するポジティブなメッセージを発信している企業のほうが，「社内において，男性の育休も当たり前という意識が浸透した」と回答していた（$\chi 2$ (1) = 16.15, p < .001）。また，社員に対して，男性の育休に関する情報をわかりやすく発信している企業，および育休を取得した男性の事例を社内で紹介している企業のほうが，「社内において，男性の育休も当たり前という意

第Ⅰ部

第Ⅱ部

第Ⅲ部

表7-4　風土醸成と成果に関するカイ2乗検定の結果

	経営幹部が，男性の育休に関するポジティブなメッセージを発信している		管理職に対して，男性の育休に関する教育研修を実施している		社員に対して，男性の育休に関する情報をわかりやすく発信している		育休を取得した男性の事例を社内で紹介している	
	χ^2値	φ係数	χ^2値	φ係数	χ^2値	φ係数	χ^2値	φ係数
社内において，男性の育休も当たり前という意識が浸透した	0.09	0.02	0.63	0.02	11.83**	0.20	11.96**	0.20
社内において，子育てをしている社員に対する理解が深まった	16.15***	0.23	1.17	0.06	14.69***	0.22	6.83**	0.15
男性社員も短時間勤務など多様な働き方を選びやすくなった	3.22	0.10	2.80	0.10	3.14	0.10	0.00	0.00
仕事と家庭を両立させやすい職場になった	5.22*	0.13	0.22	0.03	7.63**	0.16	0.91	0.06
女性が活躍しやすい職場になった	3.47*	0.11	3.20	0.1	1.49	0.07	3.28	0.11
休暇をとりやすい職場になった	7.90*	0.16	0.03	−0.01	6.65*	0.15	1.81	0.08

*$p < .05$，**$p < .01$，***$p < .001$

注）風土醸成の「子どものいる男性社員同士のネットワークづくりを支援している」に該当する企業は5社のみだったことから，分析対象外とした。

識が浸透した」（$\chi 2 (1) = 11.83, p < .01$；$\chi 2 (1) = 11.96, p < .001$），「社内において，子育てをしている社員に対する理解が深まった」（$\chi 2 (1) = 11.96, p < .01$；$\chi 2 (1) = 6.83, p < .01$）と回答していることが明らかとなった。

　次に，風土醸成とワークライフバランスの実現との関連性については，経営幹部が，男性の育休に関するポジティブなメッセージを発信している企業のほうが，「仕事と家庭を両立させやすい職場になった」（$\chi 2(1) = 5.22, p < .05$），「女性が活躍しやすい職場になった」（$\chi 2(1) = 3.47, p < .05$），「休暇をとりやすい職場になった」（$\chi 2(1) = 7.90, p < .05$）と回答していることがわかった。また，社員に対して，男性の育休に関する情報をわかりやすく発信している企業のほうが「仕事と家庭を両立させやすい職場になった」（$\chi 2(1) = 7.63, p < .01$），

「休暇をとりやすい職場になった」（$\chi 2(1) = 6.65, p < .05$）と回答していることが示された。

　なお，管理職に対する男性育休に関する教育研修の有無は，成果との有意な関連は見いだされなかった。また，「男性社員も短時間勤務など多様な働き方を選びやすくなった」という成果は，いずれの風土醸成施策とも有意な関連はみられなかった。したがって，仮説 3 および仮説 4 は部分的に支持された。

3）職場支援と成果

　人事などの管理部門が上司に対して「育休を取得する男性の業務に関連して，職場全体の業務を調整すること」（$\chi^2(1) = 4.52, p < .05$）や，「職場のメンバーが助け合える協働体制をつくること」（$\chi^2(1) = 7.13, p < .01$）を助言している企業のほうが，「職場の業務効率化が進んだ」と回答していることがわかったが，「職場の属人的な業務が減った」との有意な関連は示されなかった（表 7-5）。したがって，仮説 5 は部分的に支持された。

表 7-5　職場支援と成果に関するカイ 2 乗検定の結果

	育休を取得する男性の業務に関連して，職場全体の業務を調整すること		職場のメンバーが助け合える協働体制をつくること	
	χ^2 値	ϕ 係数	χ^2 値	ϕ 係数
職場の属人的な業務が減った	2.49	0.09	0.09	0.02
職場の業務効率化が進んだ	4.52*	0.12	7.13**	0.16

*$p < .05$,　**$p < .01$

第Ⅰ部

第Ⅱ部

第Ⅲ部

　本研究では，企業における男性の育休取得推進策とその成果について5つの仮説に基づき検討したところ，以下のことが明らかとなった。

■ 4-1　促進ルールと成果

　男性の育休取得に関して義務化や数値目標の設定をする，該当者に対して直接的に取得を促すといった促進ルールを策定している企業のほうが，「社内において，男性の育休も当たり前という意識が浸透した」「社内において，子育てをしている社員に対する理解が深まった」という従業員の意識変化を成果として認知していた。また，義務化や数値目標の設定をしている企業のほうが，「女性が活躍しやすい職場になった」「休暇をとりやすい職場になった」と回答しており，取得を促すことになっている企業のほうが，「仕事と家庭を両立させやすい職場になった」「女性や活躍しやすい職場になった」と回答していたことから，男性の育休取得に関して促進ルールを策定している企業のほうがワークライフバランスの実現を成果として認知していることが示唆された。

　以上の結果は，取得の義務化や数値目標化により該当者への直接的な推奨が促され，結果として従業員の意識変化やワークライフバランスの実現がもたらされるとした研究6の知見を支持するものである。また，男性の育休に限定していないが，管理職を対象としたワーク・ライフ・バランス推進・研究プロジェクト（2010）の調査によれば，部下のワークライフバランス満足度が高くかつ職場生産性が高い職場は，会社としてワークライフバランスに関する制度利用促進のためのルール化をしている傾向がある。したがって，男性の育休取得率の低さや育休取得期間の短さを鑑みれば，促進ルールという多少強制力のある施策は，従業員の意識変化やワークライフバランスの実現に対して効果があると解釈できる。

　なお，促進ルールと「男性社員も短時間勤務など多様な働き方を選びやすくなった」との有意な関連はみられなかった。本研究では男性の育休取得の促進ルールを扱ったが，企業によっては男性の短時間勤務を推進するなど別の形で男性のワークライフバランスを促している場合もあるだろう。このような背景

が，育休取得の促進ルールと多様な働き方との直接的な関係が示されなかった原因のひとつであると考えられる。

■ 4-2　風土醸成と成果

　風土醸成と従業員の意識変化との関連性について，経営幹部が，男性の育休に関するポジティブなメッセージを発信している企業のほうが，「社内において，男性の育休も当たり前という意識が浸透した」と回答しており，また，社員に対して，男性の育休に関する情報をわかりやすく発信している企業，および育休を取得した男性の事例を社内で紹介している企業のほうが，「社内において，男性の育休も当たり前という意識が浸透した」「社内において，子育てをしている社員に対する理解が深まった」と回答していた。また，風土醸成とワークライフバランスの実現との関連性については，経営幹部が，男性の育休に関するポジティブなメッセージを発信している企業のほうが，「仕事と家庭を両立させやすい職場になった」「女性が活躍しやすい職場になった」「休暇をとりやすい職場になった」と回答しており，社員に対して，男性の育休に関する情報をわかりやすく発信している企業のほうが「仕事と家庭を両立させやすい職場になった」「休暇をとりやすい職場になった」と回答していた。すなわち，男性の育休に関する情報を会社として幅広く提供することが，従業員の意識変化やワークライフバランスの実現につながることが示唆された。以上の結果は，風土醸成により従業員の意識が変化し，ワークライフバランスが実現されることを示した研究6の知見と整合する。

　一方で，管理職に対する男性育休に関する教育研修と成果との有意な関連はみられなかった。守島（2006）によれば，企業のワークライフバランス推進において，研修などによる上司への働きかけは，両立支援策が従業員の意欲につながるうえでの補完施策である。また，管理職への教育研修や管理職向け冊子の配布といった管理職への啓蒙は，上司が育休取得者を支援することにつながる（研究6）。男性育休に関する教育研修を管理職に対して行う場合は，扱うテーマが限られていることから，全従業員の意識変化やワークライフバランスの実現と直接的には関連しにくいと考えられる。

　なお，風土醸成と「男性社員も短時間勤務など多様な働き方を選びやすくな

った」との有意な関連はみられなかった。本研究では男性の育休に関する風土醸成に焦点を絞っていることから、先述した促進ルールと多様な働き方との直接的な関係が示されなかった背景と同様、男性の育休よりも短時間勤務を推奨している企業の存在も想定されるだろう。

■ 4-3 職場支援と成果

人事などの管理部門が上司に対して、育休を取得する男性の業務に関連して、職場全体の業務を調整することや、職場のメンバーが助け合える協働体制をつくることを助言している企業のほうが、職場の業務効率化が進んだことを成果として認知していた。研究6では、人事などの管理部門が上司に対して具体的な支援方法を指導することにより、上司による業務調整や協働体制の構築といった職場支援が促され、結果として業務効率化がもたらされることを報告しており、本研究の結果はこれを支持するものである。育休を取得した男性本人を対象とした研究1では、育休が復職後の効率的な業務遂行につながることが示されたが、本研究の結果から、育休を取得した男性が所属する職場において、上司が業務調整や協働体制の構築に取り組むことで、職場としても業務効率化が進むことが示唆された。

一方で、上司による職場支援と「職場の属人的な業務が減った」との有意な関連は示されなかった。属人的な業務を減らすには、職場の業務全体を可視化しマニュアルを作成することなどが求められ、職場の業務を調整したり協働体制をつくったりすること以上に手間のかかる作業であることが背景として考えられる。

■ 4-4 まとめと課題

本研究では、男性の育休取得を推進している民間企業を対象に質問紙調査を行い、促進ルール策定、風土醸成、職場支援といった男性の育休取得推進策と、従業員の意識変化、ワークライフバランスの実現、組織体制の強化といった成果との関連を明らかにした。その結果、男性の育休取得を促すルールを策定することや、男性の育休に関する情報を会社として幅広く提供することが、従業員の意識変化やワークライフバランスの実現につながることが示された。また、

育休を取得した男性の上司が業務調整や協働体制の構築などの支援を行うことにより，その職場の業務効率化が進むことが示唆された。

　しかし，本研究では，職場支援について，育休を取得した男性の上司に直接回答を求めたわけではない。人事などの管理部門が，該当上司に対してどのような助言をしているかを回答してもらっており，助言を受けた上司が実際に職場支援をしているか否かは把握できていない。同様に，組織体制の強化という成果も，職場の構成員がそのように認識しているとは限らない。今後は，男性の育休取得を推進している企業の従業員を対象とした調査を行い，人事などの管理部門が行う施策に加え，職場レベルでどのような取り組みをしているのか，また成果をどのように認識しているのかを詳細に把握することが求められる。

本書の全体的結論および総合考察

本章では，まず本書を構成する各研究のまとめと考察を行い，本研究の意義を述べる。次に男性の育休に関する提言をし，最後に本研究の限界と今後の展望について述べる。

1　本書を構成する各研究のまとめ

　本書では，長期育休を取得した男性や，男性の育休を推進している企業を対象としたインタビュー調査，働く父親や働く母親を対象としたインターネット調査，男性の育休を推進している企業を対象とした郵送調査を実施し，男性の育休が個人や組織にもたらす影響について明らかにした。

　研究1（第1章）では，長期育休を取得した男性を対象としたインタビュー調査を実施し，内的変容プロセスについて検討した。その結果，自分中心のキャリア意識は，ワークライフバランスへの関心，キャリアの再探索を経て，キャリア自律やワークとライフの統合というキャリア意識へと変容することが示された。また，復職後は効率的な働き方，信頼関係を大事にする働き方，働き方改革への取り組みといった行動が生じることが明らかとなった。

　研究2（第2章）では，研究1の知見に基づき，男性の育休がキャリア自律およびワーク・ファミリー・ファシリテーションにどのような影響を及ぼすのかを明らかにすることを目的とし，20代〜40代の働く父親を対象としたインターネット調査を実施した。その結果，育休取得は「職業的自己イメージの明確さ」というキャリア自律心理や，「環境変化への適応行動」「キャリア開発行動」

「ネットワーク行動」「主体的仕事行動」といったキャリア自律行動を促すことが明らかとなった。また，育休取得は，仕事への関与によって，家庭におけるパフォーマンスや機能が高まる効果があるということが示唆された。

　続く研究3（第3章）は，働く父親が長期育休を取得する男性に対して抱くイメージを解明し，育休経験があるか否かによるイメージの違いを明らかにすることを目的に行われた。その結果，長期育休を取得する男性に対して家庭を大切にしているというポジティブなイメージが強く，一方，ネガティブなイメージは職場や仕事に限られていることが示された。また，育休経験のない男性の場合，長期育休を取得する男性に対するイメージは漠然としているが，育休経験のある男性は，長期育休を取得する男性に対してポジティブとネガティブの両面について具体的なイメージを描いていることが示唆された。

　研究4（第4章）および研究5（第5章）では，研究2および研究3の働く父親を対象とした研究をさらに進め，20代〜40代の働く母親を対象としたインターネット調査を実施した。研究4では，夫の育休と妻のキャリア自律およびワーク・ファミリー・ファシリテーションとの関連について検討した。その結果，夫の育休は，妻のキャリア自律やワーク・ファミリー・ファシリテーションとは関連がないことが示された。研究5では，働く母親が長期育休を取得する男性に対して抱くイメージについて検討した。その結果，長期育休を取得する男性について，育児に参加し家族を大切にしているというポジティブなイメージを抱いていることが示された一方で，「形式的な休暇」というネガティブなイメージを抱いていることも明らかとなった。

　研究6（第6章）では，企業における男性の育休取得推進プロセスについて検討することを目的とし，男性の育休取得を推進している民間企業を対象としたインタビュー調査を実施した。その結果，男性の育休取得を推進している企業は，ワークライフバランスを経営戦略として位置づけていることや，促進ルール策定に加え風土醸成に取り組んでいることが示された。また，男性の育休取得を推進した結果，ワークライフバランスの実現や組織体制の強化といった成果が得られることが明らかとなった。

　続く研究7（第7章）では，研究6の知見に基づき，企業における男性の育休取得推進策とその成果について検討することを目的とし，男性の育休取得を推

進している民間企業を対象とした郵送調査を実施した。その結果，促進ルール策定，風土醸成，職場支援といった男性の育休取得推進策と，従業員の意識変化，ワークライフバランスの実現，組織体制の強化といった成果との関連が示された。

　以上の研究全体を通じ，男性の育休について，育休取得経験者を含む働く父親の視点，育休取得経験のある夫をもつ妻を含む働く母親の視点，男性の育休取得を推進している企業の視点から検討し，男性の育休取得がキャリア自律やワーク・ファミリー・ファシリテーションに及ぼす影響や，企業における男性の育休取得推進の成果について明らかにした。以下では，本研究の結果を総括しながら考察を加えていく。

2　総合考察

■ 2-1　個人のための男性育休

　本書では，長期育休を取得した男性は，育休中におけるキャリアの再探索を経て，キャリア自律しワークとライフを統合するようなキャリア意識をもつようになることが示唆された（研究1）。この結果を踏まえ，男性の育休がキャリア自律やワーク・ファミリー・ファシリテーションに及ぼす影響を検討した（研究2）。その結果，男性自身の育休経験は「職業的自己イメージの明確さ」というキャリア自律心理や，「環境変化への適応行動」「キャリア開発行動」「ネットワーク行動」「主体的仕事行動」といったキャリア自律行動を促すこと，また，仕事への関与によって，家庭におけるパフォーマンスや機能が高まる効果があることが示された。すなわち，男性が育休を経験することにより，自身のキャリア自律が促進され，また仕事と家庭を両立することによるポジティブな効果がもたらされると解釈できる。また，長期育休を取得した男性の復職後の行動として，効率的な働き方だけでなく，信頼関係を大事にする働き方をするようになることが示された（研究1）。育休中に家事や育児を経験し，コミュニケーションの大切さを学んだことが，職場メンバーとの信頼関係構築につながると考えられ，換言すれば育休経験がキャリア発達を促したということである。一方，夫の育休は妻のキャリア自律およびワーク・ファミリー・ファシリテー

表終-1　長期育休を取得する男性に対するイメージ

	働く父親（研究3）	働く母親（研究5）
ポジティブ	家庭的 育児参加 家族思い 協力・サポート 現代的 イクメン 仕事と家庭の両立	育児参加 家族思い 協力・サポート 家庭的 現代的 イクメン 育児の大変さ理解 仕事と家庭の両立
ネガティブ	無責任 仕事への支障 他者の負担増加 キャリアへの悪影響 職場への迷惑 職場復帰の困難	形式的な休暇 無責任 収入の減少 キャリアへの悪影響 仕事への支障 職場への迷惑 他者の負担増加 職場復帰の困難

注）該当数の多い順に示した。

ションとは関連しないことが示された（研究4）。

　なお，長期育休を取得する男性に対するイメージについて検討した結果，働く父親を対象とした研究3においても働く母親を対象とした研究5においても，家庭を大切にしているというイメージが示された（表終-1）。一方で，長期育休を取得する男性に対するネガティブなイメージも示され，働く父親は職場や仕事に関してネガティブなイメージを抱くのに対し，働く母親の場合は，それらに加えて「形式的な休暇」「収入の減少」というネガティブなイメージを抱いていることも明らかとなった（表終-1）。

■ 2-2　組織のための男性育休

　本書では，企業が男性の育休取得を推進することにより，従業員の意識が変化しワークライフバランスが実現する，育休を取得した男性の付加価値が向上することで組織体制が強化されるといった成果があることが示唆された（研究6）。男性の育休取得を推進している企業の約半数は，結果として，子育てをしている社員に対する理解が深まったとしており，仕事と家庭を両立させやすい

職場になったことや休暇をとりやすい職場になったことを成果として挙げている（研究7）。これらは，育休を取得する男性のみならず組織で働く者全員が享受できるものであり，換言すれば，男性の育休取得を推進することは働きやすい職場づくりに一役買っていることになる。また，男性の育休取得に関連して，上司が職場全体の業務調整や協働体制の構築を行うことにより，職場の業務効率化が進むことも示唆されており（研究6，研究7），男性の育休を契機として組織の生産性が高まることが期待できるだろう。

3　本書の意義

　本書では，育休を取得した男性に焦点を当て，キャリア意識や心理社会的変化などの心理的側面を解明し，男性の育休取得を推進するために企業がとるべき支援について検討した。本書の成果は，育休の取得を躊躇している男性の助けとなり，また，企業に対しては，制度面に加えてどのような心理的支援が必要なのかという示唆を与えることができるだろう。本書の学術的独自性は，男性の育休取得に関して心理学的なアプローチをしている点，さらに，これまで扱われてこなかった長期育休を取得した男性の心理的側面に迫っている点にある。女性に関しては，仕事と家庭の両立という観点からストレスや役割葛藤などの心理的側面にも目を向けられてきたが，男性のキャリアに関する研究は仕事領域に限定されてきたといってよい。一方，本書では男性も複数の役割をもつ存在としてキャリアの概念を幅広くとらえている。Super（1957）は，前進する一つの過程としてキャリア発達をとらえ5段階からなるキャリアの発達モデルを提唱した。しかし，のちにキャリア発達にライフ・スペース（人生における役割）の概念を取り込み，キャリアとは，ある年齢や場面におけるさまざまな役割の組み合わせであるとしている（Super, 1980）。これまで男性のキャリアは前者の枠組みのなかで扱われてきたが，本研究では男性のキャリアも後者の定義でとらえている。したがって，本研究の成果は男性のキャリア研究やワークライフバランス研究に新たな展開をもたらし，結果として男性の育休取得の推進，さらには介護と仕事の両立，病気の治療と仕事の両立といった政府が掲げる社会的課題の解決に寄与できると考える。

4 　男性の育休に関する提言

■ 4-1 　男性個人への提言

　長期育休を取得した男性も，けっして育休を取得しやすい環境にいた人ばかりではない。育休を取得したいと思っても，それを行動に移すには勇気がいる。本書では，それが「チャンスを逃さないという決意」や「先陣を切る覚悟」としてインタビューの語りに表れている。現状では育休取得を経験したことのある男性が圧倒的に少ないことから，さまざまな不安を抱えることとなり，多くの男性は長期育休の取得を躊躇してしまう。しかし，育休に関する情報収集をしたり，育休を取得したことのある男性の体験談を集めたりすることにより，不安が緩和されて育休を取得するという決断が後押しされる。育休を取得することにためらいがあり，身近に育休を取得した男性が存在しない場合は，育休を体験した男性が書いた本やウェブサイトを読むなどして具体的なイメージをもつことが有効だろう。

　一方で，男性が育休を取得することに対して，ネガティブな反応があることも否定できない。育休の取得は男性にとっても当然の権利ではあるが，職場への配慮も必要である。本書のインタビューでは，長期育休を取得する前に職場に配慮した育休計画を立て，育休中の業務に支障が出ないようスムーズに業務の引継ぎを行う男性自身の努力がうかがえる。このような姿勢があれば周囲からのサポートも得やすく，復職後も職場の上司やメンバーとの信頼関係を維持しやすいだろう。

■ 4-2 　組織への提言

　男性の育休取得を推進している企業へのインタビューでは，その成果として従業員のワークライフバランスが実現されることや，組織体制が強化されることが示唆された。しかし，これは単に男性が育休を取得していることの成果ではない。男性の育休取得を推進している先進的な企業の背景には，ワークライフバランスを経営戦略として位置づけていることや，働き方改革への取り組みがある。育休取得を義務化したり数値目標を設定したりすることや，該当者に取得を促すといった形式的なルールを策定することに加え，男性が育休を取得

しやすい風土を醸成することも重要である。風土醸成の工夫は企業によりさまざまであるが，経営幹部が男性の育休取得に対して肯定的な態度を示すことや，管理職への教育研修などが有効である。社内全体に対する施策としては，男性の育休に関する情報をわかりやすく発信することや，育休を取得した男性の事例を紹介することなどが挙げられる。

　また，組織体制の強化という成果を得るには，上司による職場支援が欠かせない。育休を取得する男性の上司が，それを契機として職場の業務調整や協働体制の構築を円滑に行うことができれば，属人化しない組織体制づくりや業務効率化が進むことになる。しかし，それを職場の問題として上司ひとりに任せるのではなく，人事部門などが後方支援をする必要がある。人事部門は，育休取得の対象となる男性に対して取得を促すだけでなく，該当者が安心して育休を取得できるよう支援するべきであり，加えて，その上司や職場を支援する役割を担うことが大事であると考える。

　企業に対して，育休取得を個別に推奨することや育休取得状況の公表が義務付けられると，形式的に数日間の育休を取得させるという事態が増加しかねない。本書では，育休取得の義務化や数値目標化，該当者に取得を促すといったルールは，育休制度の形骸化につながることが示された。企業が法改正に対応するために，表面的に男性に育休を取得させると，それが育児も家事もしない単なる休暇になったり，一部の男性が休むことに対して社内で不公平感が生まれたりするのである。今まで男性の育休に向き合ってこなかった企業は，改めて「なぜ男性も育休を取得する必要があるのか」を議論してほしい。この問題は「どのような組織にしたいのか」というテーマにつながっているだろう。

5　本書の限界と今後の展望

■ 5-1　調査対象者および調査対象企業の課題

　本書で調査対象とした働く父親は，10歳未満の子をもつ20代〜40代の既婚者であり，正規雇用で就業している人に限定している。働く母親は，10歳未満の子をもつ20代〜40代の既婚者であり，自身も夫も正規雇用で就業している人に限定している。2021年6月に改正育児・介護休業法が成立したことにより，

2022年4月以降，雇用されて1年未満の契約社員やパートタイマーも育休を取得できるようになった。今後は，本書で得られた知見が，非正規雇用の男性についても適応できるかどうかを検討していく必要がある。

　また，本書では男性の育休取得を推進している企業を調査対象としている。男性の育休取得を推進していない企業や，推進を試みても成果が出ないという企業も存在しているだろう。今後は，このような企業群による比較を行い，ワークライフバランスとの関連を検討していくことも必要である。一方で，男性の短時間勤務を推進するなど別の形で男性のワークライフバランスを促している場合もあるだろう。今後は幅広い施策を対象とし，男性育休との関連から研究を展開していくことが求められる。

■ 5-2　調査方法の課題

　本書では，長期育休を取得した男性を対象としたインタビュー調査を実施したが，回顧法による限界が想定される。対象者の多くは復職してから数年が経っており，過去の記憶が再構成されて語られている可能性がある。今後は，育休前，育休中，復職後のタイミングでインタビューを行う縦断的研究を検討する必要がある。

　また，本書の調査対象企業は，男性の育休取得推進に取り組んでいる最中であり，その進捗状況は企業により異なる。現時点では課題につながる要因やプロセスをとらえきれていないが，男性の育休取得者が増加するに伴い，さらなる成果や課題が見えてくる可能性がある。今後，一定期間を置いたタイミングで改めてインタビューを行い，課題が生じるプロセスについても精緻に検討する必要がある。

■ 5-3　育休取得の期間やタイプに着目したさらなる検討

　本書では，男性の育休取得がキャリア自律に影響することが示唆されたが，育休取得期間による有意な差はみられなかった。しかし，本書ではとらえきれなかった部分で育休期間による差が存在する可能性は十分考えられる。現状では長期育休を取得する男性は少ないが，今後増えてくればさらなるデータの収集が可能となるだろう。また，育休タイプによる差異が存在する可能性も考え

らえる。たとえば，妻が専業主婦あるいは妻の育休期間に自身の育休を取得した場合と，妻が働いている時期に自身の育休を取得した場合では，育児の負担は異なるだろう。今後はこのような状況による違いを考慮した検討が望まれる。

引 用 文 献

阿部正浩（2007）．ポジティブ・アクション，ワーク・ライフ・バランスと生産性　季刊・社会保障研究，43(3)，184-196.

安達智子（2010）．キャリア探索尺度の再検討　心理学研究，81(2)，132-139.

Adams, G. A., King, L. A., & King, D. W. (1996). Relationships of job and family involvement, family social support, and work-family conflict with job and life satisfaction. *Journal of Applied Psychology*, 81(4), 411-420.

Allen, T. D. (2001). Family-supportive work environments: The role of organizational perceptions. *Journal of Vocational Behavior*, 58(3), 414-435.

Allen, T. D., & Russell, J. E. (1999). Parental Leave of Absence: Some not so family-friendly implications. *Journal of Applied Social Psychology*, 29(1), 166-191.

安全衛生優良企業マーク推進機構（2020）．優ジロウ　ホワイト・ブラック企業検索　https://shem.or.jp/yujiro_serch（2020年4月20日最終確認）

Arthur, M. B. & Rousseau, D. M. (1996). *The boundaryless career: A new employment principle for a new organizational era.* New York: Oxford University Press.

Bartley, D. F., & Robitschek, C. (2000). Career exploration: A multivariate analysis of predictors. *Journal of Vocational Behavior*, 56(1), 63-81.

Baruch, G. K., & Barnett, R. (1986). Role quality, multiple role involvement, and psychological well-being in midlife women. *Journal of Personality and Social Psychology*, 51(3), 578.

Beatty, C. A. (1996). The stress of managerial and professional women: Is the price too high? *Journal of Organizational Behavior*, 17(3), 233-251.

Blair-Loy, M., & Wharton, A. S. (2002). Employees' use of work-family policies and the workplace social context. *Social Forces*, 80(3), 813-845.

Briscoe, J. P., Hall, D. T., & DeMuth, R. L. F. (2006). Protean and boundaryless careers: An empirical exploration. *Journal of Vocational Behavior*, 69(1), 30-47.

Callanan, G. A., & Greenhaus, J. H. (1990). The career indecision of managers and professionals: Development of a scale and test of model. *Journal of Vocational Behavior*, 37(1), 79-103.

土肥伊都子・広沢俊宗・田中國夫（1990）．多重な役割従事に関する研究——役割従事タイプ，達成感と男性性，女性性の効果　社会心理学研究，5(2)，137-145.

Ferguson, M., Carlson, D., Zivnuska, S., & Whitten, D. (2012). Support at work and home: The path to satisfaction through balance. *Journal of Vocational Behavior*, 80(2), 299-307.

Frone, M. R., Russell, M., & Cooper, M. L. (1992). Antecedents and outcomes of work-family conflict: Testing a model of the work-family interface. *Journal of Applied*

Psychology, 77(1), 65-78.

藤野敦子（2006）．男性の育児休業についての課題――自由記述アンケートと男性育児休業取得者へのインタビュー調査から　京都産業大学論集 社会科学系列, 23, 161-178.

福丸由佳（2003）．父親の仕事と家庭の多重役割と抑うつ度――妻の就業の有無による比較　家族心理学研究, 17(2), 97-110.

Goode, W. J. (1960). A theory of role strain. *American Sociological Review*, 25, 483-496.

Greenhaus, J. H., & Beutell, N. J. (1985). Sources of conflict between work and family roles. *Academy of Management Review*, 10(1), 76-88.

Grzywacz, J. G., & Bass, B. L. (2003). Work, family, and mental health: Testing different models of work-family fit. *Journal of Marriage and Family,* 65(1), 248-261.

Hall, D. T. (1996). Protean careers of the 21st century. *Academy of Management Executives*, 10(4), 8-16.

花田光世（2001）．キャリアコンピテンシーをベースとしたキャリア・デザイン論の展開――キャリア自律の実践とそのサポートメカニズムの構築をめざして　CRL Research Monograph No. 1.

Herr, E. L., Cramer, S. H., & Niles, S. G. (2004). *Career guidance and counseling through the lifespan: Systematic approaches*, 6th ed. Boston: Allyn & Bacon.

樋口美雄・阿部正浩・Jane Waldfogel（1997）．日米英における育児休業・出産休業制度と女性就業　人口問題研究, 53(4), 49-66.

平野光俊（2003）．組織モードの変容と自律型キャリア発達　神戸大学経営大学院 ディスカッション・ペーパー, 29.

平山聡子（2001）．中学生の精神的健康とその父親の家庭関与との関連――父母評定の一致度からの検討　発達心理学研究, 12(2), 99-109.

堀内泰利・岡田昌毅（2009）．キャリア自律が組織コミットメントに与える影響　産業・組織心理学研究, 23(1), 15-28.

堀内泰利・岡田昌毅（2016）．キャリア自律を促進する要因の実証的研究　産業・組織心理学研究, 29(2), 73-86.

Hughes, D. L., & Galinsky, E. (1994). Gender, job and family conditions, and psychological symptoms. *Psychology of Women Quarterly*, 18(2), 251-270.

今田幸子・池田心豪（2006）．出産女性の雇用継続における育児休業制度の効果と両立支援の課題　日本労働研究雑誌, 48(8), 34-44.

井上奈穂子・濱口佳和（2015）．企業内ワーキング・マザーの内的変容プロセス――職業人としての自己・母親としての自己の観点から　カウンセリング研究, 48(4), 175-188.

岩谷良恵・高橋在也・長嶋明子・高瀬佳世・佐藤和夫（2009）．男性の育児休業取得と暴力性の関連についての実証的調査　千葉大学教育学部研究紀要, 57, 283-296.

Judge, T. A., Boudreau, J. W., & Bretz, R. D. (1994). Job and life attitudes of male executives. *Journal of Applied Psychology*, 79(5), 767-782.

Judiesch, M. K., & Lyness, K. S. (1999). Left behind? The impact of leaves of absence on managers' career success. *Academy of Management Journal*, 42(6), 641-651.

金井篤子（2002）．ワーク・ファミリー・コンフリクトの規定因とメンタルヘルスの影響に関する心理的プロセスの検討　産業・組織心理学研究，15(2)，107-122.

金井篤子・若林　満（1998）．女性パートタイマーのワーク・ファミリー・コンフリクト　産業・組織心理学研究，11(2)，107-122.

柏木惠子・若松素子（1994）．「親となる」ことによる人格発達——生涯発達的視点から親を研究する試み　発達心理学研究，5(1)，72-83.

経済産業省（2005）．男女共同参画に関する調査——女性人材活用と企業の経営戦略の変化に関する調査　http://warp.da.ndl.go.jp/info:ndljp/pid/1368617/www.meti.go.jp/press/20050622003/2-kyoudousannkaku-set.pdf（2023年2月23日最終確認）

木下康仁（2003）．グラウンデッド・セオリー・アプローチの実践——質的研究への誘い　弘文堂

木下康仁（2007）．ライブ講義M-GTA——実践的質的研究法 修正版グラウンデッド・セオリー・アプローチのすべて　弘文堂

北居　明・出口将人（1997）．現代日本企業の経営理念と浸透方法　大阪学院大学流通・経営科学論集，23(1)，1445-1463.

小泉智恵・菅原ますみ・前川暁子・北村俊則（2003）．働く母親における仕事から家庭へのネガティブ・スピルオーバーが抑うつ傾向に及ぼす影響　発達心理学研究，14(3)，272-283.

Kossek, E. E., Roberts, K., Fisher, S., & Demarr, B. (1998). Career self-management: A quasi-experimental assessment of the effects of a training intervention. *Personnel Psychology*, 51(4), 935-962.

Kotter, J. P. (1996). *Leading change*. Boston: Harvard Business School Press.（梅津祐良（訳）（2002）企業変革力　日経BP社）

厚生労働省（2014）．平成25年度育児休業制度等に関する実態把握のための調査研究事業報告書（平成25年度厚生労働省委託調査）　https://www.mhlw.go.jp/stf/seisakunitsuite/bunya/0000042340.html（2023年2月23日最終確認）

厚生労働省（2021）．令和2年度雇用均等基本調査（事業所調査　結果概要）　https://www.mhlw.go.jp/toukei/list/dl/71-r02/03.pdf（2023年2月23日最終確認）

厚生労働省（2022）．令和3年度雇用均等基本調査（事業所調査　結果概要）　https://www.mhlw.go.jp/toukei/list/dl/71-r03/03.pdf（2023年3月14日最終確認）

Ladge, J. J., & Greenberg, D. N. (2015). Becoming a working mother: Managing identity and efficacy uncertainties during resocialization. *Human Resource Management*, 54(6), 977-998.

Levinson, D. J. (1978). *The seasons of a man's life*. New York: Ballantine.（南　博（訳）（1992）．ライフサイクルの心理学　上・下　講談社）

Marks, S. R. (1977). Multiple roles and role strain: Some notes on human energy, time and commitment. *American Sociological Review*, 42(6), 921-936.

Matsui, T., Ohsawa, T., & Onglatco, M. L. (1995). Work-family conflict and the stress-buffering effects of husband support and coping behavior among Japanese married working women. *Journal of Vocational Behavior*, 47(2), 178-192.

松岡久美（1997）．経営理念の浸透レベルと浸透メカニズム──コープこうべにおける「愛と協同」　六甲台論集．経営学編，44(1)，183-203.

Meyer, J. P., & Allen, N. J. (1991). A three-component conceptualization of organizational commitment. *Human Resource Management Review*, 1(1), 61-89.

道谷里英・岡田昌毅（2011）．若年就業者のキャリア発達プロセスの探索的検討　筑波大学心理学研究，41，33-43.

Miyajima, T., & Yamaguchi, H. (2017). I want to but I won't: Pluralistic ignorance inhibits intentions to take paternity leave in Japan. *Frontiers in Psychology*, 8, 1508.

守島基博（2006）．両立支援は働く人を活性化させるのか　両立支援と企業業績に関する研究会報告書（平成17年度厚生労働省委託調査）（両立支援と企業業績に関する調査・分析結果の概要）　https://www.mhlw.go.jp/houdou/2006/06/dl/h0623-2c.pdf（2023年2月23日最終確認）

森下葉子（2006）．父親になることによる発達とそれに関わる要因　発達心理学研究，17(2)，182-192.

森田陽子・金子能宏（1998）．育児休業制度の普及と女性雇用者の勤続年数　日本労働研究雑誌，40(9)，50-62.

内閣府（2021）．第3回新型コロナウイルス感染症の影響下における生活意識・行動の変化に関する調査　https://www5.cao.go.jp/keizai2/wellbeing/covid/index.html（2023年2月23日最終確認）

内閣府（2022）．男女共同参画白書　令和4年版　https://www.gender.go.jp/public/kyodosankaku/2022/202207/202207_03.html（2023年3月14日最終確認）

日本財団・コネヒト株式会社（2019）．パパ・ママの育児への向き合い方と負担感や孤立感についての調査　https://www.nippon-foundation.or.jp/app/uploads/2019/11/new_inf_20191202_07.pdf（2023年2月23日最終確認）

21世紀職業財団（2009）．両立支援のための柔軟な働き方研究会報告書　https://www.jiwe.or.jp/application/files/4314/6061/4487/090501_ryouritusien_info.pdf（2023年2月23日最終確認）

西田厚子（2011）．定年退職者のアイデンティティ再構築──退職者ボランティア活動をとおして　日本家政学会誌，62(5)，265-276.

尾野裕美（2015）．若年就業者におけるキャリア焦燥感によって生じる行動　キャリアデザイン研究，11，33-43.

尾野裕美・湯川進太郎（2008）．20代ホワイトカラーのキャリア焦燥感と離転職意思　カウンセリング研究，41(1)，1-11.

Osipow, S. H. (1999). Assessing career indecision. *Journal of Vocational Behavior*, 55(1), 147-154.

Perry-Smith, J. E., & Blum, T. C. (2000). Work-family human resource bundles and perceived organizational performance. *Academy of management Journal*, 43(6), 1107-1117.

Pickens, D. S. (1982). The cognitive processes of career-oriented primiparas in identity reformulation. *Maternal-child Nursing journal*, 11(3), 135-164.

労働省（2000）．育児・介護を行う労働者の生活と就業の実態等に関する調査結果概要 ——育児休業を取得しなかった者の65.3%が改善点として「職場の理解」を挙げる https://www.mhlw.go.jp/www2/kisya/josei/20000804_01_j/20000804_01_j.html （2023年2月23日最終確認）

齋藤早苗（2012）．育児休業取得をめぐる父親の意識とその変化　大原社会問題研究所雑誌，647・648，77-88.

坂爪洋美（2002）．ファミリー・フレンドリー施策と組織のパフォーマンス　日本労働研究雑誌，44(6)，29-42.

坂爪洋美（2009）．両立支援策が従業員の就業継続意欲ならびに仕事への意欲に与える影響　平成20年度「ワーク・ライフ・バランス社会の実現と生産性の関係に関する研究」研究報告書　内閣府経済社会総合研究所　pp.210-230.

坂爪洋美（2011）．ワーク・ライフ・バランスが職場ならびに職場のパフォーマンスに与える影響　平成22年度「ワーク・ライフ・バランス社会の実現と生産性の関係に関する研究」研究報告書　内閣府経済社会総合研究所　pp.97-113.

佐野潤子（2010）．第一子出産時の女性の就労継続を促す要因について——働く母親と専業主婦の語りからの考察　家族関係学，29，89-99.

佐野潤子（2013）．働く母親のキャリアの長期的見通しの形成——大企業で育児休業を取得後復帰した女性の事例研究　生活経済学研究，37，27-39.

佐藤博樹・武石恵美子（2014）．ワーク・ライフ・バランス支援の課題——人材多様化時代における企業の対応　東京大学出版会

Schein, E. H.（2010）．*Organizational culture and leadership*, 4th ed. New Jersey: John Wiley & Sons Inc.（梅津祐良・横山哲夫（訳）（2012）．組織文化とリーダーシップ　白桃書房）

Shepard III. E. M., Clifton, T. J., & Kruse, D.（1996）. Flexible work hours and productivity: Some evidence from the pharmaceutical industry. *Industrial Relations. A Journal of Economy and Society*, 35(1), 123-139.

島田恭子・島津明人（2012）．ワーク・ライフ・バランスのポジティブ・スピルオーバーと精神的健康　産業精神保健，20，271-275.

Stumpf, S. A., Colarelli, S. M., & Hartman, K.（1983）. Development of the Career Exploration Survey (CES). *Journal of Vocational Behavior*, 22(2), 191-226.

須藤　章・岡田昌毅（2018）．役職定年者の会社に留まるキャリア選択と組織内再適応プロセスの探索的検討　産業・組織心理学研究，32(1)，15-30.

杉野　勇（2006）．ワーク・ファミリー・フィットの尺度構成——仕事と家庭の軋轢と相互促進　現代社会学研究，19，1-20.

Super, D. E.（1957）．*The psychology of careers*. New York: Harper.（日本職業指導学会（訳）（1960）．職業生活の心理学　誠信書房）

Super, D. E.（1980）. A life-span, life-space approach to career development. *Journal of Vocational Behavior*, 16(3), 282-298.

Super, D. E.（1984）. Perspectives on the meaning and value of work. In N. C. Gysbers (ed.), *Designing careers: Counseling to enhance education, work, and leisure*. San Francisco: Jossey-Bass. pp. 27-53.

高尾義明・王　英燕（2011）．経営理念の浸透次元と影響要因――組織ルーティン論からのアプローチ　組織科学，44(4)，52-66.

武石恵美子（2011）．父親の育児に関する調査研究――育児休業取得について　財団法人こども未来財団　https://wlb.r.chuo-u.ac.jp/material/pdf/ikuji2010_report.pdf（2023年2月23日最終確認）

武石恵美子・林洋一郎（2013）．従業員の自律的なキャリア意識の現状――プロティアン・キャリアとバウンダリーレス・キャリア概念の適用　キャリアデザイン研究，9，35-48.

富田真紀子・西田裕紀子・丹下智香子・大塚　礼・安藤富士子・下方浩史（2019）．中高年者に適用可能なワーク・ファミリー・バランス尺度の構成　心理学研究，89(6)，591-601.

内田　治・川嶋敦子・磯崎幸子（2012）．SPSSによるテキストマイニング入門　オーム社

Ueda, Y., & Kurosawa, K.（2012）. The effect of task, organizational, and family factors on taking parental leave: Gender differences among employees. *Business and Management Research*, 1(2), 113-119.

van Steenbergen, E. F., Ellemers, N., & Mooijaart, A.（2007）. How work and family can facilitate each other: Distinct types of work-family facilitation and outcomes for women and men. *Journal of Occupational Health Psychology*, 12(3), 279-300.

ワーク・ライフ・バランス推進・研究プロジェクト（2010）．「管理職の働き方とワーク・ライフ・バランスに関する調査」報告書　https://wlb.r.chuo-u.ac.jp//material/pdf/WLB_management.pdf（2023年2月23日最終確認）

若林　満（1985）．女性のキャリア発達の構造――その可能性と限界　労務研究，38(8)，19-30.

脇坂　明（2008）．育児休業は本人にとって能力開発の妨げになるか　學習院大學經濟論集，44(4)，325-338.

脇坂　明（2010）．育児休業が男性の仕事と生活に及ぼす影響――ウィン‐ウィンの観点から　學習院大學經濟論集，47(1)，41-59.

Waterman, R., Collard, B., & Waterman, J.（1994）. Toward a career resilient workforce. *Harvard Business Review*, 1994 July-August. 87-95.（土屋　純（訳）（1994）．人材開発 キャリア競争力プログラムが創る自律する社員――企業と個人の新しい契約　Diamond ハーバード・ビジネス，19(6)，71-81.）

Watts, A. G.（2001）. Career education for young people: Rationale and provision in the UK and other European countries. *International Journal for Educational and Vocational Guidance*, 1(3), 209-222.

Wayne, J. H., Musisca, N., & Fleeson, W.（2004）. Considering the role of personality in the work-family experience: Relationships of the big five to work-family conflict and facilitation. *Journal of Vocational Behavior*, 64(1), 108-130.

Werbel, J. D. (2000). Relationships among career exploration, job search intensity, and job search effectiveness in graduating college students. *Journal of Vocational Behavior*, 57(3), 379-394.

山口一男 (2009). ワークライフバランス——実証と政策提言 日本経済新聞出版社

横川雅人 (2010). 現代日本企業における経営理念の機能と理念浸透策 ビジネス＆アカウンティングレビュー, 5, 219-236.

あとがき

　筆者が息子を出産したのは今から 18 年前のことである。妊娠初期に妊娠悪阻と脱水症状による入院生活を送ることになり，仕事は辞め，在籍していた社会人大学院は修了時期を遅らせることにした。また，出産による身体的ダメージは大きく回復にも時間がかかった。しかし，それらが些末なことに思えるほど，育児による身体的・精神的ダメージは計り知れないものであった。日中はミルクをあげたりおむつを替えたりと世話に追われ，夜は抱っこで寝かしつけてもベッドに置くとすぐに泣き出し，夜泣きもひどかったため睡眠もままならなかった。夫は育児に協力的であったが，筆者は 0 歳の息子と二人っきりになると，涙が止まらなかった。「このままだと私は壊れる」と思った。

　当時，男性の育休取得率は 0.5％であり，夫が育休を取得するという選択肢は浮かばなかった。しかし，危機的状況を回避するため，夫は会社に異動を願い出て，残業や休日出勤が当たり前だった職場から定時で帰りやすい職場に移ることができた。また，息子が 1 歳になるタイミングで筆者は仕事を再開し，育児から解放される時間ができたことで精神的に安定してきた。それでも，一番つらかった育児の時期を思い出そうとすると，胸が苦しくなり涙が出てきて，ほとんど記憶を呼び起こすことができなかった。

　それから何年も経ち，息子が 0 歳だったときの話を普通に人に話せるようになった。一部の記憶は抜け落ちているものの，胸が苦しくなることもなく，涙を流すこともなく，笑いながら「育児あるある」のエピソードとして。すでに息子は 10 歳になっていた。筆者は大学の専任教員として働き始めて 2 年目を迎え，新たな研究テーマに取り組もうと考えていた頃であった。男性の育休に対して世間の関心が向き始めていたとはいえ，男性の育休取得率はわずか 3％であり，同じ親でありながら男女の差は依然として存在していた。また，企業が男性の育休取得率を取り繕うために，該当者に数日間の形式的な育休を取得させるという事例も少なくなかった。

　母親だけでなく父親も当たり前のように育児できる社会になってほしいとい

う願いから，男性の育休に関する研究に着手した。数日間のいわゆる「とるだけ育休」ではなく，本来の意味通りの育休を扱おうと考え，1ヶ月以上の育休を取得した経験のある男性を対象としたインタビューから始め，幸いにもJSPS 科研費 18K13280 の助成を受けることができた。本書は，この科研費課題「長期育児休業を取得した男性の心理的側面の解明と企業がとるべき心理社会的支援の検討」の研究成果をまとめたものである。本書の成果は著者自らの見解等に基づくものであり，所属研究機関，資金配分機関および国の見解等を反映するものではない。

　最後に，ここに謝辞を述べたいと思います。インタビューに協力してくださった育休経験のある男性の皆様，企業の人事やダーバーシティ担当者の皆様には多大なご尽力をいただきました。この場を借りて感謝の意を表します。また，折に触れて貴重なご助言をくださった筑波大学の岡田昌毅先生に厚くお礼申し上げます。出版に際しては，前著に続きナカニシヤ出版の由浅啓吾様にお世話になりました。心より感謝いたします。

2023 年 3 月
尾野裕美

初出一覧

【研究1】尾野裕美（2019）．長期育休を取得した男性の内的変容プロセスに関する探索的検討　産業・組織心理学研究，33(1)，35-50．

【研究2】尾野裕美（2020）．働く父親の育休がキャリア自律およびワーク・ファミリー・ファシリテーションに及ぼす影響　産業・組織心理学研究，34(1)，19-30．

【研究3】尾野裕美（2021）．長期育児休業を取得する男性のイメージに関する探索的検討──正規雇用で働く父親を対象に　明星大学心理学研究紀要，39，1-9．

【研究4】尾野裕美（2021）．夫の育児休業と妻のキャリア──妻のキャリア自律およびワーク・ファミリー・ファシリテーションに着目して　キャリアデザイン研究，17，97-105．

【研究5】尾野裕美（2022）．働く母親が長期育児休業を取得する男性に対して抱くイメージに関する探索的検討　明星大学心理学研究紀要，40，33-40．

【研究6】尾野裕美（2020）．企業における男性の育休取得推進プロセスに関する探索的検討　産業・組織心理学研究，34(1)，43-58．

【研究7】尾野裕美（2022）．企業における男性の育児休業推進策とその成果に関する研究　明星大学心理学研究紀要，40，1-9．

事項索引

人名索引

著者紹介
尾野裕美（おの ひろみ）
筑波大学人間系准教授。
日本製粉株式会社（現：株式会社ニップン）の人事，株式
会社インテリジェンス（現：パーソルキャリア株式会社）
のキャリアカウンセラー，株式会社リクルートマネジメン
トソリューションズの研究員を経て独立し，大学生のキャ
リア形成支援に従事。その後，横浜商科大学専任講師，明
星大学准教授を経て2023年4月より現職。
筑波大学大学院人間総合科学研究科生涯発達科学専攻修了，
博士（カウンセリング科学）。

主な著書
『働くひとのキャリア焦燥感──キャリア形成を急ぐ若者
の心理の解明』ナカニシヤ出版，2020年（単著）
『産業・組織心理学（シリーズ 心理学と仕事 第11巻）』北
大路書房，2017年（共著）
『働くひとの生涯発達心理学──M-GTAによるキャリア
研究』晃洋書房，2017年（共著）

個人と組織のための男性育休
働く父母の心理と企業の支援

2023 年 5 月 20 日　　初版第 1 刷発行

著　者　尾野裕美
発行者　中西　良
発行所　株式会社ナカニシヤ出版
〒606-8161　京都市左京区一乗寺木ノ本町 15 番地
　　　　　　　　　　Telephone　075-723-0111
　　　　　　　　　　Facsimile　　075-723-0095
　　　　　　Website　http://www.nakanishiya.co.jp/
　　　　　　Email　　iihon-ippai@nakanishiya.co.jp
　　　　　　　　　　郵便振替　01030-0-13128

印刷・製本＝創栄図書印刷／装幀＝白沢　正
Copyright © 2023 by H. Ono
Printed in Japan.
ISBN978-4-7795-1741-9　C3011

働くひとの心理学
働くこと，キャリアを発達させること，
そして生涯発達すること

岡田昌毅 著

働くこと・キャリア・生涯発達の基本的な理論や
考え方を解説し，さらにインタビュー調査から，
仕事の経験とキャリア発達，心理・社会的発達と
の関連をモデル化。組織におけるキャリア支援の
実践的応用に向けて提言する。

四六判 253頁 2500円

働くひとのキャリア焦燥感
キャリア形成を急ぐ若者の心理の解明

尾野　裕美 著

働く若者たちはなぜあせるのか？
なぜ転職したいと思うのか？
実証的研究からその心理的構造を明らかにし，対
処法を提言する。

A5判 196頁 4200円

新版キャリアの心理学
［第2版］
キャリア支援への発達的アプローチ

渡辺三枝子 編著

キャリア・カウンセリングの基盤となる理論を9
名の代表的研究者を取り上げて解説。改訂にあた
り，「理論を学習する意味」をより強調し，変化
していく理論をより正確に記述，関連性の近い理
論家で章を配置しなおした。

四六判 264頁 2000円

転機におけるキャリア支援
のオートエスノグラフィー

土元哲平 著

現在ある自己は，折々の転機に際し，どう選択を
し，どうのり越えてきたのか。その折々に，どの
ような相互交流があり，どのような支援に巡り
合ったのか。今ある人生は結果としてどのような
文化の産物なのか。

A5判 274頁 7000円

地域からみる女性の
ライフ・キャリア
主体的に働き方・生き方を選択できる社会
の実現のために

小倉祥子 著

女性は家庭と仕事を両立させるために短時間労働
や非正規で働くことを選択するというが，実際の
ところ女性はライフ・キャリアに何を求めている
のか。女性就業率第1位の福井県と最下位の奈良
県に住む女性の声や全国調査から分析する。

A5判 192頁 2800円

社会的子育ての実現
人とつながり社会をつなぐ，保育カウン
セリングと保育ソーシャルワーク

藤後悦子 監修
柳瀬洋美・野田敦史・及川留美 編著

孤立する親子，過重労働の保育者。保育現場にお
いてカウンセリングやソーシャルワークの視点
は，どのように求められ，どのように応用可能で
あるのか。誰もが「一人じゃない」社会の実現を
目指して，支援に必要な知識を提供する。

A5判 208頁 2400円

表示の価格は本体価格です。